すべてのいのちを守るため

教皇フランシスコ訪日講話集

カトリック中央協議会

Franciscus

はじめに

教皇訪日が三十八年ぶりに実現しました。実質三日ほどの短い日程でしたが、教皇フランシスコは、長崎、広島、東京を訪れ、各地で多くの「言葉」を語られました。

とりわけ長崎と広島で語られた核兵器廃絶や平和へのメッセージは、日本を越えて世界へ向けられた力強い「言葉」として、多くの人の注目を浴びています。

同時に、教皇の語られたすべての「言葉」は、今回の訪日のテーマである「すべてのいのちを守るため」という強い信念を、具体的な「言葉」として紡いだものでもありました。

語られた「言葉」の背後に確固たる信念があるからこそ、その「言葉」は多くの人の心に力強く響きわたりました。教皇フランシスコの語る「言葉」の背後にある信念は、単に個人的な信念ではなく、イエス・キリストへの信仰に基づいた確信であり、だからこそ語られる「言葉」は、いのちの重さを背負った「言葉」でした。

それほどの重さをもった「言葉」であったがために、ほんの短いスピーチの一文が、大きな反響を呼びました。たとえば、教皇の滞日中にネットでは、「教皇、日本に難民受け入れを求める」というようなニュースが流れ、それに対して、「大きなお世話だ」、「そういうならバチカンから始めるべきだ」などという否定的な反応も多く流れました。

よく調べてみたら、教皇は滞日中に、難民についてはほとんど語っておらず、唯一東京カテドラルでの青年たちとの集いにおいて、たった五行、それについて触れただけでした（63ページ参照）。でもそのたった五行の言葉は、「すべてのいのちを守るため」という確固たる信念に基づいた「言葉」であったがゆえに、大きなインパクトを与えたのだと、わたしは思います。

わたしたちは、薄っぺらな言葉が飛び交う時代に生きています。深く考えることもなく、反射的にデジタルの世界に飛び出していくさまざまな言葉。その多くの言葉が仮想現実の波間に消えていくことが、そういった言葉の背後に何ら信念も価値観もないことを示しています。

そういった言葉が飛び交っている世界だからこそ、確固たる信念に基づいたいのちの「言葉」は、暗闇に輝く一筋の光のように、多くの人の心に突き刺さります。

教皇フランシスコが日本の地で語られた「言葉」は、忘れ去られてしまってよい言葉ではありません。できるかぎり多くの人の心に刺さってほしい言葉です。その「言葉」の背後にあるいのちの価値観が、多くの人に伝わってほしいと思います。

若松英輔氏は、まさしく、紡がれる「言葉」の背後に控えるいのちの価値観に目を向けてこられました。むなしく消え去る言葉ではなく、心に突き刺さる「言葉」の大切さに目を向ける文筆活動を繰り広げてこられました。わたしは、若松氏が新潟県の糸魚川出身の信徒であることから、新潟の司教を務めていた数年前に出会い、折を見て「言葉」のもつ力について語り合ってきました。

今回の教皇訪日にあたり、教皇フランシスコのいのちの価値観に基づいた力をもった「言葉」を、より多くの人の心に突き刺さるように発信するために、若松英輔氏の助力をお願いすることがふさわしいと考えました。

教皇様の語られた多くのいのちの「言葉」を、若松氏の視点を通じて、さらに多くの人の心へ届けていただこうと思います。

神のいつくしみを語り、だれ一人として排除されない社会の実現を目指される教皇フランシスコの言葉が、一人でも多くの人の心に届きますように。

二〇一九年十二月

日本カトリック司教協議会副会長　菊地　功

目次

教皇フランシスコ滞日日程

2019 年 11 月 23 日（土） バンコク－東京

17:40　東京国際空港（羽田空港）着、歓迎式
18:30　日本司教団との会合（ローマ教皇庁大使館）

2019 年 11 月 24 日（日） 東京－長崎－広島－東京

07:20　航空機にて長崎へ
09:20　長崎空港着
10:15　核兵器についてのメッセージ発表（爆心地公園）
10:45　殉教者への表敬（西坂公園）
14:00　教皇ミサ（長崎県営野球場）
16:35　航空機にて広島へ
17:45　広島空港着
18:40　平和のための集い（広島平和記念公園）
20:25　航空機にて東京へ
21:50　羽田空港着

2019 年 11 月 25 日（月） 東京

10:00　東日本大震災被災者との集い（ベルサール半蔵門）
11:00　天皇との会見（皇居）
11:45　青年との集い（東京カテドラル聖マリア大聖堂）
16:00　教皇ミサ（東京ドーム）
18:15　首相との会談、要人および外交団との集い（首相官邸）

2019 年 11 月 26 日（火） 東京－ローマ

07:45　イエズス会員とのミサ（上智大学クルトゥルハイム聖堂）
同会員と朝食、プライベートな集い（イエズス会 S.J. ハウス）
09:40　病気・高齢司祭訪問（同）
10:00　上智大学訪問
11:20　羽田空港にて別れの式
11:35　航空機にてローマ（フィウミチーノ空港）へ

（公式スピーチは、すべてスペイン語で行われた）

旅行前のビデオメッセージ

愛する友人の皆さん。

日本訪問の準備をしている今、友人としてのことばを皆さんにお伝えしたいと思います。わたしの訪問に際して選ばれたテーマは「すべてのいのちを守るため」です。あらゆる人の価値と尊厳を守るという、わたしたちの心で響くこの本能的な強い思いは、今日の世界が直面している平和的な共存への脅威、ことに武力紛争を前に、きわめて重要になります。皆さんの国は、戦争がもたらす苦しみをよく知っています。人類の歴史において二度と核兵器の破壊力が放たれることのないよう、皆さんとともに祈ります。核兵器の使用は倫理に反します。

また、対話の文化と兄弟愛の文化、とくに、異なる宗教的伝統どうしでのそれがいかに大切か、皆さんは知っておられます。その文化は、隔てを乗り越える助けとなり、人間の尊厳への尊重を促進し、すべての民の全人的な発展に寄与するものです。わたしの訪問が、確実で永続的で後退することのない平和へと至る、相互の尊重と出会いの道を歩む皆さんの励みとなると期待しています。平和は本物であれば、後退しない美しいものです。必死に守られるからです。

さらに、皆さんの国らしい美しい自然を味わう機会もあるでしょう。そして、わたしたちの共通の家である地球をも含み、皆さんの文化では満開の桜によって実に美しく象徴される、いのちの保護、その促進と強化についての共通の願いを表明する機会もあるでしょう。

この訪問の準備に多くの人がかかわっていることを知っています。その尽力に心から感謝いたします。そして、ともに過ごす数日が豊かな恵みと喜びとなるよう願って、皆さんお一人おひとりすべてのかたのために、心を合わせて祈ることをお約束します。どうか、わたしのためにもお祈りください。ありがとうございます。

日本司教団との会合

東京・ローマ教皇庁大使館、十一月二十三日

愛する兄弟の皆さん。

初めに、ごあいさつせずに入ってしまいごめんなさい。わたしたちアルゼンチン人は本当に失礼ですね。すみませんでした。皆さんとご一緒できてうれしいです。日本人は几帳面で働き者だと評判ですが、それを目の当たりにしました。飛行機から教皇が降りると、すぐに動いてくれましたからね。ありがとうございます。

日本訪問という恵みと皆さんの歓迎を、とてもうれしく思っています。日本のカトリック

共同体全体を代表しておことばをくださった髙見大司教様に、とくに感謝いたします。司教様がたとのこの最初の公的な会談の場をお借りして、皆さんの共同体のお一人おひとりすべてのかたに、信徒、カテキスタ、司祭、修道者、奉献生活者、神学生に、ごあいさつしたいと思います。また、新しい天皇の即位と、令和の時代の幕開けという画期におられる、日本のすべてのかたにも、ごあいさつと祈りをお届けしたく思います。

ご存じかどうか分かりませんが、わたしは若いときから日本に共感と愛着を抱いてきました。日本への宣教の望みを覚えてから長い時間がたち、ようやくそれが実現しました。今日、主はわたしに、皆さんと同席する機会を与えてくださいました。わたしは信仰の偉大な証人たちの足跡をたどる、宣教する巡礼者としてここにおります。聖フランシスコ・ザビエルの日本上陸、すなわち日本におけるキリスト教布教の開始から四七〇年がたちます。彼を記念して、皆さんと心を合わせて主に感謝したいと思います。その感謝は、その後何世紀にもわたって福音の種を蒔《ま》き、敬虔さと愛をもって日本の人々に奉仕した、すべての人への感謝です。そのような献身によって、日本の教会は独特の性格を得ました。数知れない試練の中で死に至るまで信仰をあかしした、聖パウロ三木と同志殉教者や福者高山右近のことが思い浮かびます。迫害の中で信仰を守るためのそうした犠牲のおかげで、小さなキリスト教共同体は成長し、堅固になり、実を結んでいます。さらに、長崎の「潜伏キリシタン」のことも思い浮かべてみましょう。彼らは、洗礼と祈りと要理教育を通して、何世代にもわたって信仰を守ってきました。それは、この地に輝く真の家庭教会でした。当人たちは意識せずとも、ナザレの聖家族を映し出していたのです。

主の道は、主の記憶を生きたものとし続けようとする忠実な民の日常生活において、どのようにご自分の存在が「働く」ようになさるのかを教えてくれます。主は静かなる現存であり、生きた記憶です。それは、聖霊の強さと優しさによって、二人またはそれ以上がご自分の名において集まるところに主がいてくださる（マタイ18・20参照）ことを思い起こさせてくれるものです。皆さんの共同体のＤＮＡには、このあかしが刻まれています。それはどんな絶望にも効く特効薬で、歩むべき道を示してくれます。皆さんは、迫害の中でも主のみ名を呼び、主がいかに自分たちを導かれたかを見つめることで守られてきた、生きている教会です。

信頼のうちの種蒔き、殉教者のあかし、時が来れば神が与えてくださるはずの実りを待つ忍耐、これらが、日本の文化と共存できた使徒職の様式を特徴づけたものです。その結果、長い年月を経て、日本社会から総じて大変好意的に受け止められている教会の顔が形づくられました。それは、教会が共通善のために多くの貢献をなしたからです。日本の歴史と普遍教会の歴史の中で重要なあの時代は、長崎と天草地方の教会と集落群が世界遺産に登録されたことでも認められています。ですが何より、皆さんの共同体の魂の生きた記憶として、あらゆる福音宣教の豊かな希望として、評価されるものです。

この司牧訪問は、「すべてのいのちを守るため」というモットーに特徴づけられています。これは、わたしたち司教の奉仕職というものをよく表しています。司教とは、主によってその民の中から呼び出され、すべてのいのちを守ることのできる牧者として民に渡される者です。このことは、わたしたちが目指すべき現場をある程度決定してくれます。

この国での宣教は、インカルチュレーションと対話を希求するという点が特徴的でした。これによって、西欧で発展したものに対し、新しく独自な数々の様式が展開できたのです。周知のことですが、最初期から、書物、演劇、音楽、あらゆる教材において、大抵日本語が使われました。この事実は、初代の宣教師が日本に対して抱いた愛情を示しています。すべてのいのちを守るとは、まず、じっと見つめるまなざしをもつことです。それによって、神からゆだねられたすべての民のいのちを愛することができ、まさにその民に神から受けたたまものを見いだすのです。「愛されるだけで救われるからです。すがるだけで変えていただけるのです」(「ワールドユースデー・パナマ大会晩の祈りでの講話(二〇一九年一月二十六日)」)。これが、すべてのいのちを前にして、それを無償のたまものとする姿勢をもつ助けとなる、受肉の行動原理です。それは、妥当であっても副次的な他の考察を超えるものなのです。すべてのいのちを守ることと福音を告げることとは、切り離された別のものではなく、また相反するものでもありません。互いに呼び寄せ合い、必要とし合っています。どちらもこの地で、イエスの福音の光に照らされた信じる民の全人的発展を今日妨げうるあらゆることに対して、注意を怠らず監視することを意味します。

日本の教会は小さく、カトリック信者が少数派であることは知っています。しかしそれが、皆さんの福音宣教の熱意を冷ますようではいけません。日本に固有の状況において、人々に示すべきもっとも強く明白なことばは、普段の生活の中でのつつましいあかしと、他の宗教的伝統との対話です。日本のカトリック信者の半数以上を占める多数の外国人労働者を親切に受け入れ世話することは、日本社会の中で福音のあかしとなるだけでなく、教会があらゆる人に開かれていることの証明にもなります。わたしたちのキリストとのきずなは、他のどんな結びつきやアイデンティティよりも強く、あらゆる現実のもとに届いて触れうるものであることを示すからです。

殉教者の教会は、より自由に話すことができます。とくに、この世界の平和と正義という緊急の課題に取り組む際にはなおさらです。わたしは明日、長崎と広島を訪問し、この二つの町の被爆者のために祈ります。そして、核兵器廃絶を求める皆さん自身の預言的呼びかけに、わたしも声を重ねます。人類史に残るあの悲劇の傷に今なお苦しんでいる人々、また「(地震、津波、原発事故という)三重の災害」の犠牲者の皆さんにもお会いしたいと思っています。今なお続く彼らの苦しみを見ると、人として、そしてキリスト信者として、わたしたちに課された義務をはっきり自覚させられます。身体や心に苦しみを抱えている人を助け、希望といやしと和解という福音のメッセージを、すべての人に伝えるという義務です。災害は人を選びませんし、身分も問いません。ただ、その激しい破壊力をもって襲いかかります。災害多くの人命を奪い甚大な損害をもたらした先日の台風もそうです。亡くなったかたがたとそのご家族、自宅や家や財産を失ったすべての人を、主のいつくしみにゆだねましょう。日本と世界で、神からのかけがえのないたまものであるすべてのいのちについて声を上げ、それを守ることを可能にする使命を、臆することなく果たし続けていけますように。

ですから、皆さんを励ましたいと思います。日本のカトリック共同体の、社会のまっただ中での福音の明快なあかし、それを確実にするよう努力を続けてください。信頼を得ている教会の教育の使徒職は、福音宣教の有効な手段であり、非常に幅広い知的・文化的潮流に関与しています。貢献の質は、当然のことながら、そのアイデンティティと使命とを、どれだけもり立てるかにかかっています。

わたしたちは、日本の共同体に属する一部の人のいのちを脅かす、さまざまな厄介ごとがあることに気づいています。それらにはいろいろな理由があるものの、孤独、絶望、孤立が際立っています。この国での自殺者やいじめの増加、自分を責めてしまうさまざまな事態は、新たな形態の疎外と心の混迷を生んでいます。それがどれほど人々を、なかでも、若い人たちを苛《さいな》んでいることでしょう。皆さんにお願いします。若者と彼らの困難に、とくに心を砕いてください。有能さと生産性と成功のみを求める文化が、無償で無私の愛の文化に、「成功した」人だけでなくだれにでも幸福で充実した生活の可能性を差し出せる文化になるよう努めてください。日本の若者は、自分たちの熱意とアイデアとパワーをもって、またよい教育と周囲のよい助けを得て、同時代の仲間にとって大切な希望の源となり、キリストの愛を生き生きとあかしする生きた証人となることができます。ケリグマ（福音の告知）を創造的に、文化に根ざした、創意に富んだしかたで行うなら、それは思いやりに渇く大勢の人に強く響くでしょう。

収穫は多いけれども働く人は少ないことを知っています。だからこそ、皆さんを励ましたいのです。家庭を巻き込む宣教のしかたを考え、生み出し、促してください。またつねに現実を直視しつつ、人々のもとに、彼らがいる場に届けることのできる養成を促進してくださ い。どんな使徒職の出発点も、人為的に用意された場からではなく、日課や仕事のために人々がいる場から生まれます。その場所に、つまり、町中や仕事場、大学の中にいる人々のもとにまで行って、思いやりとあわれみの福音を携え、わたしたちに任された信者たちに寄り添わなければならないのです。

皆さんの教会を訪問し、ともに祭儀を行う機会をくださったことに、あらためて感謝いたします。ペトロの後継者は、日本の教会の信仰を強めたいと思っていますが、同時にまた、信仰をあかしした多くの殉教者の足跡に触れ、自身の信仰をも新たにしたいと思っています。主がこの恵みをわたしに与えてくださるようお祈りください。

主が皆さんと、皆さんを通して、それぞれの共同体を祝福してくださるよう祈ります。どうもありがとう。

長崎・爆心地公園

長崎・西坂公園

長崎県営野球場

長崎県営野球場（上・下）

核兵器についてのメッセージ

長崎・爆心地公園、十一月二十四日

愛する兄弟姉妹の皆さん。

この場所は、わたしたち人間はこれほどのものを人間に対して負わせうる存在であるということ、痛みと恐怖を意識させてくれます。近年、浦上教会で見いだされた被爆十字架とマリア像は、被爆なさったかたとそのご家族が自身の肉体に受けた筆舌に尽くしがたい苦しみを、あらためて思い起こさせてくれます。

人の心にあるもっとも深い望みの一つは、平和と安定への望みです。核兵器や大量破壊兵器の保有は、この望みに対する最良のこたえではありません。それどころか、この望みをたえず試みにさらすことになるのです。わたしたちの世界は、倒錯した二分法の中にあります。それは、恐怖と不信の心理から支持された偽りの安全保障を基盤とした安定と平和を、擁護し確保しようとするもので、最終的には人と人との関係を毒し、可能なはずの対話を阻んでしまうものです。

国際的な平和と安定は、相互破壊への不安や壊滅の脅威を土台とした、どんな企てとも相いれないものです。むしろ、現在と未来の人類家族全体が、相互依存と共同責任によって築く未来に奉仕する、連帯と協働の世界的な倫理によってのみ実現可能となります。

この地、核兵器が人道的にも環境にも悲劇的な結果をもたらすことの証人であるこの町では、軍備拡張競争に反対する声を上げる努力がつねに必要です。軍備拡張競争は、貴重な資源の無駄遣いです。本来それは、人々の全人的発展と自然環境の保全に使われるべきものです。今日の世界では、何百万という子どもや家族が、人間以下の生活を強いられているにもかかわらず、武器の製造、改良、維持、商いに財が費やされ、築かれ、日ごと武器は、いっそう破壊的になっています。これらは天に対する絶え間のないテロ行為です。

核兵器から解放された平和な世界。それは、あらゆる場所で、数え切れないほどの人が熱望していることです。この理想を実現するには、すべての人の参加が必要です。個々人、宗教団体、市民社会、核兵器保有国も非保有国も、軍隊も民間も、国際機関もそうです。核兵器の脅威に対しては、一致団結して応じなくてはなりません。それは、現今の世界を覆う不信の風潮を打ち破る相互の信頼によって築く、困難ながらも堅固な構造に支えられるものです。一九六三年に聖ヨハネ二十三世教皇は、回勅『パーチェム・イン・テリス——地上の平和』で核兵器の禁止を世界に訴えていますが（同書112［邦訳60］参照）、加えてこう断言しています。「軍備の均衡が平和の条件であるという理解を、真の平和は相互の信頼の上にしか構築できないという原則に置き換える必要があります」（同113［邦訳61］）。

このところ拡大しつつある、不信の風潮を壊さなくてはなりません。その風潮によって、兵器使用を制限する国際的な枠組みが崩壊する危険があるのです。わたしたちは、多国間主義の衰退を目の当たりにしています。それは、兵器の技術革新にあってさらに危険なことです。この指摘は、相互の結びつきが顕著な現今の情勢から見ると的を射ていないように見えるかもしれませんが、あらゆる国の指導者が緊急に注意を払うだけでなく、力を注ぎ込むべき状況を示しているのです。

カトリック教会としては、民族間、また国家間の平和の実現に向けて不退転の決意を固めています。それは、神に対する、そしてこの地上のあらゆる人に対する責務なのです。核兵器禁止条約を含め、核軍縮と核不拡散に関する主要な国際条約に則り、たゆむことなく、迅速に行動し、訴えていきます。昨年の七月、日本の司教団は、核兵器廃絶の呼びかけを行いました。また、日本の教会では毎年八月に、平和に向けた十日間の平和旬間を行っています。どうか、祈り、合意拡大のたゆまぬ追求、対話への粘り強い招きが、わたしたちが信を置く「武器」でありますように。また、平和を真に保証する、正義と連帯のある世界を築く取り組みを鼓舞するものとなりますように。

核兵器のない世界が可能であり必要であるという確信をもって、政治をつかさどる指導者の皆さんにお願いします。核兵器は、今日の国際的また国家の安全保障に対する脅威からわたしたちを守ってくれるものではない、それを忘れないでください。人道的および環境の観点から、核兵器の使用がもたらす壊滅的な影響を考えなくてはなりません。核の理論によってあおられる、恐れ、不信、敵意の空気の増幅を止めなければなりません。今の地球の状態から見ると、その資源がどのように使われるのかを真剣に考察することが必要です。複雑で困難な、持続可能な開発のための二〇三〇アジェンダの達成、すなわち人類の全人的発展という目的を達成するためにも、真剣に考察しなくてはなりません。一九六四年に、すでに教皇聖パウロ六世は、防衛費の一部から世界基金を創設し、貧しい人々の援助に充てることを提案しています（「ムンバイでの報道記者へのスピーチ（一九六四年十二月四日）」。回勅『ポプロールム・プログレッシオ（一九六七年三月二十六日）』51参照）。

こういったことすべてのために、信頼関係と相互の発展とを確かなものとする構造を作り上げ、状況に対応できる指導者たちの協力を得ることがきわめて重要です。責務には、わたしたち皆がかかわっていますし、全員が必要とされています。今日もなおわたしたちの良心を締めつけ続ける、何百万もの人の苦しみに無関心でいてよい人はいません。傷の痛みに叫ぶ兄弟の声に耳を塞いでよい人はどこにもいません。対話することのできない文化による破滅を前に目を閉ざしてよい人はどこにもいません。

心を改めることができるよう、また、いのちの文化、ゆるしの文化、兄弟愛の文化が勝利を収めるよう、毎日心を一つにして祈ってくださるようお願いします。共通の目的地を目指す中で、相互の違いを認め保証する兄弟愛です。

ここにおられる皆さんの中には、カトリック信者でないかたもおられることでしょう。でも、アッシジの聖フランシスコに由来する平和を求める祈りは、わたしたち皆がそれぞれの祈りにできると確信しています。

主よ、わたしをあなたの平和の道具としてください。
憎しみがあるところに愛を、
いさかいがあるところにゆるしを、
疑いのあるところに信仰を、
絶望があるところに希望を、
闇に光を、
悲しみのあるところに喜びをもたらすものとしてください。

記憶をとどめるこの場所、わたしたちをハッとさせ、無関心でいることを許さないこの場所は、神への信頼の重要性をよりいっそう示します。わたしたちが真の平和の道具となって、過去と同じ過ちを犯さないために働くようにと教えてくれるからです。

皆さんとご家族、そして全国民が、繁栄と社会の和の恵みを享受できますようお祈りいたします。

殉教者への表敬

長崎・西坂公園、十一月二十四日

愛する兄弟姉妹の皆さん、こんにちは。

わたしはこの瞬間を待ちわびていました。わたしは一巡礼者として祈るため、皆さんの信仰を強めるため、また自らのあかしと献身で道を示すこの兄弟たちの信仰によってわたしの信仰が強められるために来ました。歓迎に心から感謝いたします。

この聖地にいると、はるか昔に殉教したキリスト者の姿と名が浮かんできます。一五九七年二月五日に殉教したパウロ三木と同志殉教者をはじめ、その苦しみと死によってここを聖なる地とした、あまたの殉教者です。

まごうことなくこの聖地は、死についてよりも、いのちの勝利について語ります。聖ヨハネ・パウロ二世はこの地を、殉教者の丘としてだけでなく、まことの真福八端の山と考えました。自己中心、安穏、虚栄から解き放たれ、聖霊に満たされた人々のあかしに触れることができる場です（使徒的勧告『喜びに喜べ』65参照）。ここで、迫害と剣《つるぎ》に打ち勝った愛のうちに、福音の光が輝いたからです。

ここは何よりも復活を告げる場所です。あらゆる試練があったとしても、死ではなくいのちに至るのだと、最後には宣言しているからです。わたしたちは死ではなく、全きいのちであるかたに向かって呼ばれているのです。彼らは、そのことを告げ知らせたのです。確かにここには、死と殉教の闇があります。ですが同時に、復活の光も告げ知らされています。殉教者の血は、イエス・キリストがすべての人に、わたしたち皆に与えたいと望む、新しいいのちの種となりました。そのあかしは、わたしたちの信仰を強め、献身と決意を新たにするのを助けてくれます。わたしたちが日々黙々と務める働きによる「殉教」を通して、すべてのいのち、とくにもっとも助けを必要としている人を保護し守る文化のために働くことが身に着いた、宣教する弟子として生きるためです。

わたしが殉教者にささげられた記念碑の前まで来たのは、このような聖なる人々と会うためです。「地の果て」に生まれた若いイエズス会士の謙虚さに心を重ね、日本の最初の殉教者の歴史に、霊感と刷新の深い泉を見いだしたかったのです。すべてをささげた彼らの愛を忘れないようにしましょう。記念館に丁重に納められ尊ばれる過去の手柄の輝かしい遺物にとどまるのではなく、その愛が、この地で使徒職を生きたすべての人の魂の生きる記憶となり、燃える炎となって、福音宣教の熱い思いを刷新し、絶えることなく燃え立たせてくれますように。今の日本にある教会が、すべての困難と展望を含め、十字架の上から放たれた聖パウロ三木のメッセージに日々耳を傾けるようにとの招きを感じ、道、真理、いのちであるかたの（ヨハネ14・6参照）福音の喜びと美を、すべての人と分かち合えますように。わたしたちに重くのしかかり、謙虚に、自由に、大胆に、思いやりをもって歩むことを妨げるものから、日々解き放たれますように。

兄弟姉妹の皆さん。この場所から、世界のさまざまな場所で、今日も信仰ゆえに苦しむキリスト者、殉教するキリスト者とも心を合わせましょう。自らのあかしによって二十一世紀の殉教者たちは、勇気をもって真福八端の道を歩むのかと、わたしたちを問いただしています。彼らのために、彼らとともに祈りましょう。そして、すべての人に、世界の隅々に至るまで、信教の自由が保障されるよう声を上げましょう。また、宗教の名を用いたすべての不正に対しても声を上げましょう。「人間の行動と人類の運命を巧みに操る全体支配主義と分断を掲げる政略、度を超えた利益追求システム、憎悪に拍車をかけるイデオロギー」(「人類の兄弟愛に関する共同文書(二〇一九年二月四日、アブダビ)」)に対して。

わたしたちの母、殉教者の元后に、そして自らのいのちをもって主の驚きのわざを告げた聖パウロ三木と同志殉教者に取り次ぎを願いましょう。彼らの献身によって、皆さんの国、そして教会全体が、宣教の喜びを呼び覚まし、それを保つことができますように。

長崎・西坂公園

ミサ説教（王であるキリストの祭日）

長崎県営野球場、十一月二十四日

「イエスよ、あなたのみ国においでになるときには、わたしを思い出してください」（ルカ23・42）。

典礼暦最後の主日の今日、イエスとともに十字架につけられ、イエスが王だと気づき、そう宣言した犯罪人の声に、わたしたちも声を合わせます。栄光と勝利には程遠いそのときに、嘲笑と侮辱の声高な叫びの中で、あの盗人は声を上げ、信仰を宣言しました。それは、イエスが聞いた最後のことばであり、そして、ご自分を御父にゆだねる前のイエスの最後のことばがあります。「はっきりいっておくが、あなたは今日わたしと一緒に楽園にいる」（ルカ23・43）。盗人の後ろ暗い過去は、一瞬にして新たな意味を得たかのようです。すなわち、主の苦悶にそばで寄り添うということです。その瞬間は、主の生き方を確証づけることにほかなりません。いつどこにおいても、救いは差し出されるのです。カルワリオ、それは無秩序と不正義の場、無力と無理解が、罪なき者の死を前に茶化す者たちの無関心と自己正当化のささやきや陰口と重なる場のことです。それが、この悔い改めた盗人の姿勢によって、全人類にとっての希望という語に変わるのです。苦しむ罪なき人に対しての自分自身を救えというあざけりやわめき声は、最後のことばにはなりません。むしろ、心を動かされるに任せ、歴史を作るまことの形としていつくしみを選ぶ者たちの声を呼び起こすのです。

今日ここで、わたしたちの信仰と約束を新たにしたいと思います。あの悔い改めた盗人と同じく、わたしたちは、失敗、罪、限界のある自分の過去をよく分かっています。けれどもそれが、わたしたちの現在と未来を既定し、決定づけるものであってほしくはありません。わたしたちは、「自分自身を救ってみろ」と軽々しく無関心にいってしまえる、面倒を避ける空気に染まりがちなことを知っています。多くの罪なき者の苦しみを、ともに背負うことの意味を忘れてしまうことも少なくありません。この国は、人間が手にできる壊滅的な力を経験した数少ない国の一つです。ですからわたしたちは、悔い改めた盗人と同じように、主を、苦しむ罪なき人を弁護し、その人に仕えるために、声を上げ、信仰を表明する瞬間を生きたいのです。主の苦しみに寄り添い、その孤独と放置を支えたいと思います。そして今一度、救いそのものである、御父がわたしたち皆に届けようとするあのことばを聞きましょう。

「あなたは今日わたしと一緒に楽園にいる」。

救いと確信――。それは、聖パウロ三木と同志殉教者、そしてあなたがたの霊的遺産に刻まれた無数の殉教者、彼らがそのいのちをもって勇猛にあかししてきたものです。わたしたちは彼らの足跡に歩みを重ねたいと思います。その歩みと同じく、勇気を携えて信仰を告げるために歩みたいと思います。十字架上のキリストから与えられ、差し出され、約束された愛こそが、あらゆるたぐいの憎しみ、利己心、嘲笑、言い逃れを打ち破るという信仰です。その愛には、よい行動や選択をできなくさせる無意味な悲観主義や、感覚を鈍らせる物的豊かさに、ことごとく勝利する力があります。第二バチカン公会議は、そのことを思い出させてくれました。真理から遠いのは、この世には永遠の都はないといって、来る都を探し求めているつもりで地上での務めをないがしろにし、注意を怠る人です。まさに、告白する同じ信仰で、神に呼ばれた召し出しの崇高さを示し、それが透けて見えるほどにすべきなのです

（第二バチカン公会議『現代世界憲章』43参照）。

わたしたちの信仰は、生きる者たちの神への信仰なのです。キリストは生きておられ、わたしたちの間で働かれ、わたしたち皆をいのちの充満へと導いておられます。キリストは生きておられ、わたしたちに生きる者であってほしいと願っておられるのです。キリストはわたしたちの希望です（使徒的勧告『キリストは生きている』1参照）。わたしたちは毎日こう祈っています。主よ、み国が来ますように。こう祈りながら、自分の生活と活動が、賛美となるよう願っています。宣教する弟子としての使命が、来るべきものの証言者や使者となることならば、わたしたちは、悪や悪行に身を任せてはいられません。反対にその使命は、家庭、職場、社会、どこであれ、置かれた場所で、神の国のパン種になるよう駆り立てるのです。聖霊が人々の間に希望の風として吹き続けるための、小さな通気口となるよう駆り立てるのです。天の国は、わたしたち皆の共通の目的地です。それは、将来のためだけの目標ではありません。それを請い願い、今日それを生きるのです。病気や障害のある人、高齢者や見捨てられた人たち、難民や外国からの労働者、彼らを取り囲んで大抵は黙らせる無関心の脇で、今日それを生きるのです。彼らは皆、わたしたちの王、キリストの生きる秘跡なのです（マタイ25・31―46参照）。なぜなら「もしわたしたちが本当にキリストの観想によって出発したのであれば、あのかたがご自分を重ねたいと望んだ人たちの顔に、あのかたの姿を見いださなければならない」（聖ヨハネ・パウロ二世使徒的書簡『新千年期の初めに』49）からです。

あの日、カルワリオでは、多くの人が口を閉ざしていました。他の大勢は嘲笑し、盗人の声だけがそれに逆らって、苦しむ罪なきかたを擁護できたのです。それは、勇気ある信仰告白です。わたしたち一人ひとりの決断にかかっています。沈黙か、嘲笑か、あるいは告げ知らせるか。親愛なる兄弟姉妹の皆さん。長崎はその魂に、いやしがたい傷を負っています。その傷は、多くの罪なき者の、筆舌に尽くしがたい苦しみによるしるしです。過去の戦争で踏みにじられた犠牲者、そして今日もなお、さまざまな場所で起きている第三次世界大戦によって苦しんでいる犠牲者です。今ここで、共同の祈りをもって、わたしたちも声を上げましょう。今日、この恐ろしい罪を、身をもって苦しんでいるすべての人のために。そして、あの悔い改めた盗人のように、黙りも嘲笑もせず、むしろ、自ら声を上げ、真理と正義、聖性と恵み、愛と平和のみ国を告げ知らせる者が、もっともっと増えるよう願いましょう。

長崎県営野球場（上・下）

長崎県営野球場（上・下）

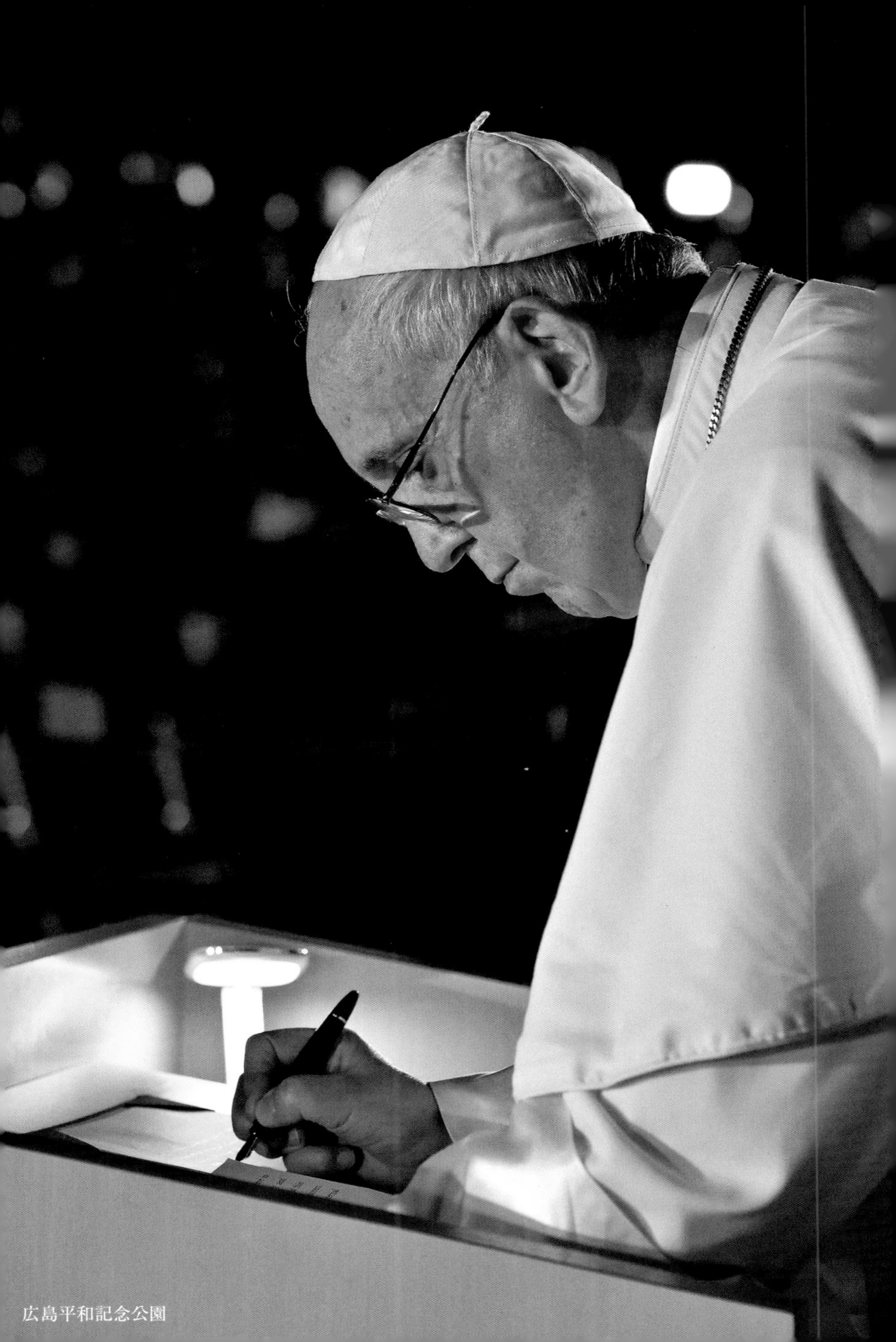

広島平和記念公園

広島平和記念公園

平和のための集い

広島平和記念公園、十一月二十四日

「わたしはいおう、わたしの兄弟、友のために。『あなたのうちに平和があるように』」（詩編122・8）。

あわれみの神、歴史の主よ、この場所から、わたしたちはあなたに目を向けます。死といのち、崩壊と再生、苦しみと憐憫の交差するこの場所から。

ここで大勢の人が、その夢と希望が、一瞬の閃光と炎によって跡形もなく消され、影と沈黙だけが残りました。一瞬のうちに、すべてが破壊と死というブラックホールに飲み込まれました。その沈黙の淵から、亡き人々のすさまじい叫び声が、今なお聞こえてきます。生まれた場所はさまざまで、それぞれの名をもち、なかには、異なる言語を話す人もいました。そのすべての人が、同じ運命によって、このおぞましい一瞬で結ばれたのです。その瞬間は、この国の歴史だけでなく、人類の顔に永遠に刻まれました。

ここで、すべての犠牲者を思い起こしたいと思います。また、あの時を生き延びたかたがたを前に、その強さと誇りに、深く敬意を表します。その後の長きにわたり、肉体の激しい苦痛と、心の中の生きる力をむしばんでいく死の兆しを忍んでこられたからです。

わたしは平和の巡礼者として、この場所を訪れなければならないと感じていました。あのすさまじい暴力の犠牲となった罪のない人々を思い起こし、現代社会の人々の願いと望みを胸にしつつ、じっと祈るためです。とくに、平和を望み、平和のために働き、平和のために自らを犠牲にする若者たちの願いと望みです。わたしは記憶と未来にあふれるこの場所に、貧しい人たちの叫びも携えて参りました。貧しい人々はいつの時代も、憎しみと対立の無防備な犠牲者だからです。

わたしは謹んで、声を発しても耳を貸してもらえない人たちの声になりたいと思います。現代社会が置かれている増大した緊張状態、人類の共生を脅かす受け入れがたい不平等と不正義、わたしたちの共通の家を保護する能力の著しい欠如、あたかもそれで未来の平和が保障されるかのように行われる継続的あるいは突発的な武力行使を、不安と苦悩を抱いて見つめる人々の声です。

確信をもって、あらためて申し上げます。戦争のために原子力を使用することは、現代においては、これまで以上に犯罪とされます。人類とその尊厳に反するだけでなく、わたしたちの共通の家の未来におけるあらゆる可能性に反する犯罪です。原子力の戦争目的の使用は、倫理に反します。核兵器の保有は、それ自体が倫理に反しています。それは、わたしがすでに二年前に述べたとおりです。これについて、わたしたちは裁きを受けることになります。次の世代の人々が、わたしたちの失態を裁く裁判官として立ち上がるでしょう。平和について話すだけで、国と国の間で何の行動も起こさなかったと。戦争のための最新鋭ですさまじい兵器を製造しながら、平和について話すことなどどうしてできるでしょうか。差別と憎悪のスピーチで、あのだれもが知る偽りの行為を正当化しておきながら、どうして平和について話せるでしょうか。

平和は、それが真理を基盤としていないなら、正義に従って築かれないなら、愛によって息づき完成されないなら、自由において形成されないのなら（聖ヨハネ二十三世回勅『パーチェム・イン・テリス――地上の平和』37〔邦訳20〕参照）、単なる「発せられることば」に過ぎなくなる、わたしはそう確信しています。

真理と正義をもって平和を築くとは、「人間の間には、知識、徳、才能、物質的資力などの差がしばしば著しく存在する」（同87〔同49〕）のを認めることです。ですから、自分だけの利益を求めるため、他者に何かを強いることが正当化されてよいはずはありません。その逆に、差の存在を認めることは、いっそうの責任と敬意の源となるのです。同じく政治共同体は、文化や経済成長といった面ではそれぞれ正当に差を有していても、「相互の進歩に対して」（同88〔同49〕）、すべての人の善益のために働く責務へと招かれています。

実際、より正義にかなう安全な社会を築きたいと真に望むならば、武器を手放さなければなりません。「武器を手にしたまま、愛することはできません」（聖パウロ六世「国連でのスピーチ（一九六五年十月四日）」10）。武力の論理に屈して対話から遠ざかってしまえば、武器は、それが犠牲者と廃墟を生み出す前にすら悪夢をもたらしうることを、悲しくも忘れてしまうのです。武器は「膨大な出費を要し、連帯を推し進める企画や有益な作業計画が滞り、民の心理を台なしにします」（同5）。紛争の正当な解決策として、核戦争の脅威による威嚇をちらつかせながら、どうして平和を提案できるでしょうか。この苦しみの深淵が、決して越えてはならない一線に気づかせてくれますように。真の平和とは、非武装の平和以外にありえません。それに、「平和は単に戦争がないことではなく、……たえず建設されるべきもの」（第二バチカン公会議『現代世界憲章』78）です。それは正義の結果であり、発展の結果、連帯の結果であり、わたしたちの共通の家の世話の結果、共通善を促進した結果生まれるものなのです。わたしたちは歴史から学ばなければなりません。

思い出し、ともに歩み、守る。この三つは倫理的命令です。これらは、まさにここ広島において、よりいっそう強く、より普遍的な意味をもちます。この三つには、平和となる道を切り開く力があります。ですから、現在と将来の世代に、ここで起きた出来事の記憶を失わせてはなりません。より正義にかない、いっそう兄弟愛にあふれる将来を築くための保証であり起爆剤である記憶、すべての人、わけても国々の運命に対し、今日、特別な役割を負う人たちの良心を目覚めさせられる、広がる力のある記憶、これからの世代に向かって言い続ける助けとなる生きた記憶をです。——二度と繰り返しません、と。

だからこそわたしたちは、ともに歩むよう求められているのです。理解とゆるしのまなざしで、希望の地平を切り開き、現代の空を覆うおびただしい黒雲の中に、一条の光をもたらすのです。希望に心を開きましょう。和解と平和の道具となりましょう。それは、わたしたちが互いを大切にし合い、運命共同体で互いが結ばれていると知るなら、必ず実現可能です。現代世界は、グローバル化で結ばれているだけでなく、共通の大地によっても、いつも相互に結ばれています。共通の未来を確実に安全なものとするべく、責任をもって闘う偉大な人となるために、それぞれのグループや集団が排他的利益を後回しにすることが、現代においてこそ求められています。

神に向け、すべての善意の人に向けて、一つの願いとして、原爆と核実験とあらゆる紛争のすべての犠牲者の名によって、心から声を合わせて叫びましょう。戦争は二度と繰り返しません、兵器の轟音は二度と繰り返しません、こんな苦しみは二度と繰り返しません、と。わたしたちの時代に、わたしたちのいるこの世界に、平和が来ますように。神よ、あなたは約束してくださいました。「いつくしみとまことは出会い、正義と平和は口づけし、まことは地から萌《も》えいで、正義は天から注がれます」（詩編85・11―12）。

主よ、急いで来てください。破壊があふれた場所に、今とは違う歴史を描き実現する希望があふれますように。平和の君である主よ、来てください。わたしたちをあなたの平和の道具、あなたの平和を響かせるものとしてください。

「わたしはいおう、わたしの兄弟、友のために。『あなたのうちに平和があるように』」（詩編122・8）。

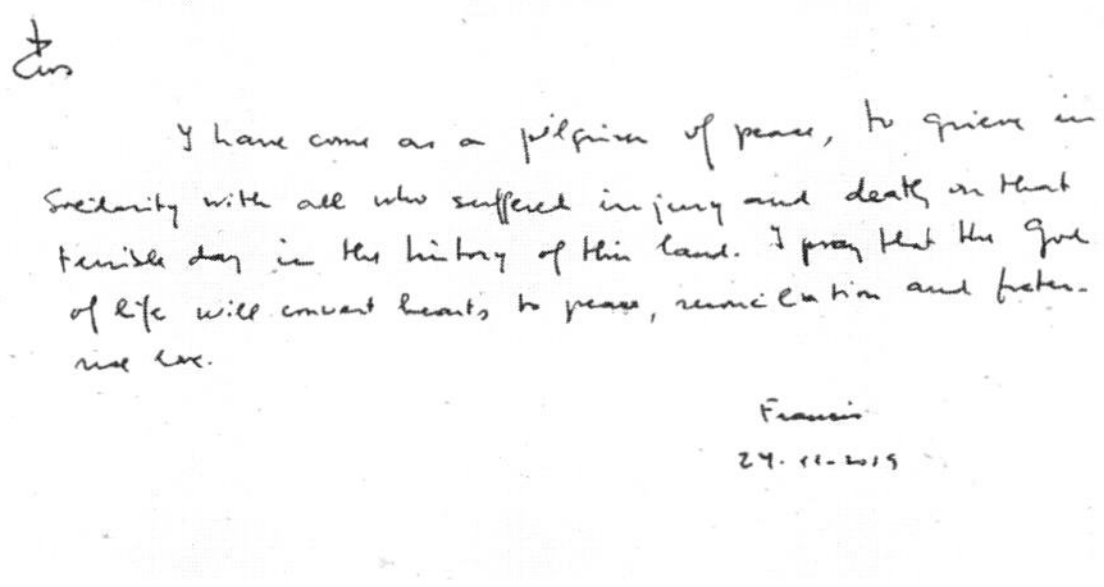
IHS
I have come as a pilgrim of peace, to grieve in solidarity with all who suffered injury and death on that terrible day in the history of this land. I pray that the God of life will convert hearts to peace, reconciliation and fraternal love.
Francis
24. 11. 2019

広島平和記念公園での記帳

IHS

I have come as a pilgrim of peace, to grieve in solidarity with all who suffered injury and death on that terrible day in the history of this land. I pray that the God of life will convert hearts to peace, reconciliation and fraternal love.

Francis

24. 11. 2019

わたしは平和の巡礼者として、この地の歴史の中にあるあの悲惨な日に、傷と死を被ったすべての人との連帯をもって悼むために参りました。いのちの神が、（わたしたちの）心を、平和と、和解と、兄弟愛へと変えてくださるよう祈ります。

フランシスコ

2019年11月24日

東日本大震災被災者との集い

東京・ベルサール半蔵門、十一月二十五日

愛する友人の皆さん。

皆さんとのこの集いは、わたしの日本訪問中の大切なひとときです。アルゼンチンの音楽で迎えてくださり、ありがとうございます。それぞれのこれまでの歩みをわたしたちと分かち合ってくださった、敏子《とし こ》さん、徳雲《とくうん》さん、全生《まつ き》さんに、とくに感謝します。この三名のかた、そして皆さんは、三重災害、つまり地震、津波、原発事故によって言い表せないほどの本当につらい思いをされた、すべての人を代表しておられます。災害は、岩手県、宮城県、福島県だけでなく、日本全土とそこに住む人々に影響を及ぼしました。ご自分のことばと姿で、大勢の人が被った悲しみと痛みを、そして、よりよい未来に広がる希望を伝えてくださり、ありがとうございます。全生さんはご自分の証言を終える際に、わたしに皆さんの祈りに加わってほしいと招いてくださいました。しばらく沈黙の時間を取り、最初のことばとして、一万八千人にも上る亡くなられたかた、ご遺族、いまだ行方の分からないかたのために祈りましょう。わたしたちを一つにし、希望をもって前を見る勇気を与えてくれる祈りをしましょう。

地方自治体、諸団体、人々の尽力にも感謝します。皆さんは、災害地域の復興に取り組み、また、現在も仮設住宅に避難して自宅に帰ることができずにいる、五万以上もの人の境遇改善に努めておられます。

とくに感謝したいのは、敏子さんが的確に指摘されたように、日本だけでなく世界中の多くの人が、災害直後に迅速に動いてくれたことです。祈りと物資や財政援助で、被災者を支えてくれました。そのような行動は、時間がたてばなくなったり、最初の衝撃が薄れれば衰えていったりするものであってはなりません。むしろ、長く継続させなければなりません。全生さんの指摘についていえば、被災地の住人には、今はもう忘れられてしまったと感じている人もいます。汚染された田畑や森林、放射線の長期的な影響などで、継続的な問題を突きつけられている人も少なくありません。

この集いが、集まった全員によって、この惨劇を被った被災者のかたがたが本当に必要とする支援を受け続けていくための、善意のすべての人に訴える呼びかけとなりますように。

食料、衣服、安全な場所といった必需品がなければ、尊厳ある生活を送ることはできません。生活再建を果たすには最低限必要なものがあり、そのために地域コミュニティの支援と援助を受ける必要があるのです。一人で「復興」できる人はどこにもいません。だれも一人では再出発できません。町の復興を助ける人だけでなく、展望と希望を回復させてくれる友人や兄弟姉妹との出会いが不可欠です。敏子さんは津波で家を失いましたが、いのちが助かったことをありがたいと思い、助け合うために団結する人を見て希望をもっていると話してくれました。三重災害から八年、日本は、連帯し、根気強く、粘り強く、不屈さをもって、一致団結できる人々であることを示してきました。完全な復興まで先は長いかもしれません。しかし、助け合い、頼り合うために一致できるこの国の人々の魂をもってすれば、必ず果たせます。敏子さんがいわれたように、何もしなければ結果はゼロですが、一歩踏み出せば一歩前に進みます。ですから皆さん、毎日少しずつでも、前に進んでください。連帯と相互の献身に基づく未来を築くための一歩です。皆さんのため、皆さんの子どもや孫のため、そしてこれから生まれてくる次の世代のためです。

徳雲さんは、わたしたちに影響する別の重要な問題に、どのようにこたえうるかを尋ねられました。ご承知のとおり、戦争、難民、食料、経済格差、環境問題は、それぞれを切り離して判断したり対処したりはできません。今日、問題をより大きなネットワークの一部とみなすことなく、個々別々に扱えると考えるのは大きな間違いです。的確に指摘してくださったように、わたしたちはこの地球の一部であり、環境の一部です。究極的には、すべてが互いに絡み合っているからです。思うに最初の一歩は、天然資源の使用に関して、そしてとくに将来のエネルギー源に関して、勇気ある重大な決断をすることです。無関心と闘う力のある文化を作っていくために、働き、歩むことです。わたしたちにもっとも影響する悪の一つは、無関心の文化です。家族の一人が苦しめば家族全員がともに苦しむという自覚をもてるよう、力を合わせることが急務です。課題と解決策を総合的に引き受けることのできる唯一のものである、きずなという知恵が培われないかぎり、互いの交わりはかないません。わたしたちは、互いに互いの一部なのです。

この意味でとくに言及しておきたいのが、福島第一原子力発電所の事故とその余波です。

科学的・医学的な懸念に加えて、社会構造を回復するという、途方もない作業もあります。地域コミュニティで社会のつながりが再び築かれ、人々がまた安全で安定した生活ができるようにならなければ、福島の事故は完全には解決されません。これが意味するのは、わたしの兄弟である日本の司教たちがいみじくも指摘した、原子力の継続的な使用に対する懸念であり、それゆえ司教たちは原子力発電所の廃止を求めたのです。

この時代は、技術の進歩を人間の進歩の尺度にしたいという誘惑を受けています。進歩と発展のこの「技術主義《テクノクラティックパラダイム》」は、人々の生活と社会の仕組みを形成します。そしてそれは、しばしばわたしたちの社会のあらゆる領域に影響を与える還元主義につながります（回勅『ラウダート・シ』101―114参照）。したがって、このようなときには、立ち止まり、じっくり考え、振り返ってみることが大切です。わたしたちは何者なのか、そしてできればより批判的に、どのような者になりたいのかを省みるのが大事なのです。わたしたちの後に生まれる人々に、どのような世界を残したいですか。何を遺産としたいですか。お年寄りの知恵と経験が、若い人の熱意とやる気とともに、異なるまなざしを培う助けとなってくれます。いのちという贈り物を尊ぶ助けとなるまなざしです。さらに、ユニークで、多民族、多文化である人類家族として、わたしたちの兄弟姉妹との連帯を培うことも助けてくれるのです。

わたしたちの共通の家の未来について考えるなら、ただただ利己的な決断は下せないこと、わたしたちには未来の世代に対して大きな責任があることに気づかなければなりません。その意味でわたしたちは、控えめで慎ましい生き方を選択することが求められています。それは、向き合うべき緊急事態にこたえた生き方です。敏子さん、徳雲さん、全生さんは、未来のための新たな道を見つける必要をわたしたちに思い出させてくれました。一人ひとりを大切に、そして自然界を大切にする心に基づく道です。この道において「わたしたちは皆、神の道具として、被造界を世話するために、おのおの自身の文化や経験、自発性や才能に応じた協力ができるのです」(同14)。

愛する兄弟姉妹の皆さん。三重災害後の復興と再建の継続的な仕事においては、多くの手と多くの心を、あたかも一つであるかのように一致させなければなりません。こうして苦しむ被災者は、助けを得て、自分たちが忘れられてはいないと知るはずです。多くの人が、実際に、確実に、被災者の痛みをともに担ってくれていることを、兄弟として助けるために手を差し伸べ続けていることを知るでしょう。あらためて、大げさにではなく飾らない姿勢で、被災者の重荷を和らげようと尽くしたすべての皆さんに、賛美と感謝を申し上げます。そのような思いやりが、すべての人が未来に希望と安定と安心を得るための、歩むべき道のりとなりますように。

ここにお集まりいただきましたことに、あらためて感謝いたします。わたしのために祈ってください。神様があなたと、あなたの愛する人すべてに、知恵と強い心と平安の祝福を与えてくださいますように。ありがとうございます。

＊＊＊

（以下の証言は、教皇の講話に先立って行われた）

加藤敏子さんの証言

わたしは岩手県の宮古市にありますカトリック幼稚園の園長をしております、加藤敏子と申します。

わたしはあの津波の日、職場におりました。幼稚園から帰宅した女の子が一人亡くなりました。その日から、園長として子どもたちにいのちの尊さ、自分のいのちを守る術《すべ》を伝えていくこと、そして子どもたちのいのちを守るために最良の選択をしなければいけないことの重さを考え続けています。

自宅は街ごと津波に呑まれてしまいました。

津波対策として街を囲むように築かれた防潮堤が壊れました。それは、海外からも視察に来るほど大規模なものでした。人間が知恵や力を尽くして作り上げた人工物は壊され流されてしまいましたが、自然が造ったものは壊れませんでした。人間が自然に対峙するなどできないこと、自然とともに生きる知恵こそ必要だということを学びました。

その日の朝、家を出るまであった日常が街ごとなくなる、沢山の人が一瞬で亡くなったということをそのまま受け入れることができず、目の前のやるべきことに追われながら、わたしはどこかで考えることをやめてしまったような気がします。がれきの中で自宅のあった場所に立ったとき、生かされていること、生きていること、ただそれだけに感謝することができ、すっきりとした開放感を感じたことを覚えています。

この震災を通して、失くしたもの以上に与えられたものがたくさんありました。世界中の多くの人たちが心を寄せてくださり、人と人とのつながりで助け合って生きていく姿に希望をもつことができました。

八年過ぎて、ようやくあのときの前と後を少しずつつなげて考えるようになりました。

何が大事で、何を守らなければならないか。何もしなければゼロだけど、一歩踏み出せば一歩分だけ前へ進むこと。昨日の続きの今日が重なって、その先の明日へつながっていくことが当たり前ではないことを知らされ、いのちがいちばん大事で、失くしてよいいのちなどないこと。

今地球上で困難に陥っている小さな人たちのいのちがどうぞ守られますようにと祈りながら、生かされている自分に何ができるかを考え、一つ一つ積み重ねていきたいと思います。

田中徳雲さんの証言

本日は、このような機会をいただきまして、ありがとうございます。

わたしの住んでいたところは、地域のシンボル的なお寺です。場所は原発から北西に約十七キロのところにあります。

農業と漁業が中心の、自然豊かなのどかな場所でした。多くの人々は三世代、四世代が同居して住んでおり、先祖から伝わる歴史と文化を大切にしていました。町には千年続くといわれる神事、相馬馬追いがあります。

わたしたちは、受け入れがたい厳しい現実の中で、一時は途方に暮れました。しかし、少しずつではありますが、やがて立ち上がり、この現実を受け止め、歩み始めています。そして便利な時代の恩恵を受けて生活してきたこと、つまり被害者ではあるが同時に加害者でもあることを自覚し、反省しています。

原発の問題のみならず、天変地異や異常気象、海洋汚染などの環境問題、そして戦争、難民、食糧、経済格差や心の荒廃など、多くの問題をいかに自分の問題として捉えることができるか。謙虚さを保ち、正しく理解し、反省すべきところは素直に反省すること。そして何より大切だと思うことは、地球の声を聞くことです。わたしたちは地球の一部、環境の一部です。りんごの木に例えていうならば、一人ひとりが果実だとすると、地球は樹木です。その果実から樹木への意識の目覚めが必要です。樹木こそが、わたしたちの本性です。果実から樹木に意識が覚醒すれば、毛虫が蝶になるように変化が起こり、問題はひとりでに解決されてゆくと思います。

わたしたちは今、生き方が問われています。

成長から成熟へ。自らが変化の一部になりましょう。

ありがとうございました。

鴨下全生さんの証言

親愛なるパパ様。

僕は福島県いわき市に生まれました。八歳だったときに原発事故が起きて、被曝を逃れるために東京に避難しました。でも父は、母に僕らを託して、福島へ戻りました。父は教師で、僕らの他にも守るべき生徒たちがいたからです。母は、僕と三歳の弟を連れて、慣れぬ地を転々としながら避難を続けました。弟は寂しさで布団の中で泣きました。僕は避難先でいじめにも遭い、死にたいと思うほどつらい日々が続きました。やがて父も、心と体がボロボロになり、仕事を続けられなくなりました。それでも避難できた僕らは、まだ幸せなのだと思います。

国は、避難住宅の提供さえも打ち切りました。僕は必死に残留しているけれど、多くの人がやむなく汚染した土地に帰っていきました。でも広く東日本一帯に降り注いだ放射性物質は、八年たった今も放射線を放っています。汚染された大地や森が元どおりになるには、僕の寿命の何倍もの歳月が必要です。だからそこで生きていく僕たちに、大人たちは、汚染も被曝も、これから起きる可能性のある被害も、隠さず伝える責任があると思います。嘘をついたまま、認めないまま、先に死なないでほしいのです。

原発は国策です。そのため、それを維持したい政府の思惑に沿って賠償額や避難区域の線引きが決められ、被害者の間で分断が生じました。傷ついた人どうしが互いに隣人を憎み合うように仕向けられてしまいました。

僕たちの苦しみは、とても伝えきれません。だからパパ様、どうかともに祈ってください。僕たちが互いの痛みに気づき、再び隣人を愛せるように。残酷な現実であっても、目を背けない勇気が与えられるように。力をもつ人たちに、悔い改めの勇気が与えられるように。皆でこの被害を乗り越えていけるように。

そして、僕らの未来から被曝の脅威をなくすため、世界中の人が動き出せるように、どうかともに祈ってください。

Bases of Catholic Church

福岡市
●

宮古ベー

Iwate

大槌ベー　　　リタス釜石

大槌　　　　　　　　　　　ンター

石　　　　　　　　　　　　　　　　　　　　　　　　　　　　ター

ベルサール半蔵門

青年との集い

東京カテドラル聖マリア大聖堂、十一月二十五日

愛する若者の皆さん。

ここに集まってくれてありがとう。皆さんのパワーと熱意を見て、聞いて、喜びと希望がわきました。本当にありがとう。そしてレオナルドさん、未希《みき》さん、雅子《まさこ》さん、証言に感謝します。あなたたちがしてくれたように、心の中のものを分かち合うのは、大変勇気がいることです。三人の声に、ここにいる多くの仲間も共感したはずです。ありがとう。皆さんの中には、ほかの国から来た若者もいるでしょう。中には、避難してきたかたもいることでし

ょう。さあ、わたしたちが望む未来の社会を、一緒に作り上げることを学んでいきましょう。

皆さんを見ると、今日の日本に生きる若者は、文化的および宗教的に多様であることが分かります。それこそが、皆さんの世代が未来にも手渡せる美しさです。皆さんの間にある友情と、この場にいる一人ひとりの存在が、未来はモノトーンではなく、各人による多種多様な貢献によって実現するものだということを、すべての人に思い起こさせてくれます。わたしたち人類家族にとって、皆が同じようになるのではなく、調和と平和のうちに共存すべきだと学ぶことが、どれほど必要でしょうか。わたしたちは、工場での大量生産によって作られたのではないのです。だれもが、両親や家族の愛から生まれたのです。だからこそ、皆、違うのです。だれもが、分かち合うべき、自分の物語をもっているのです。（翻訳されていないことを話すときは、彼［通訳のレンゾ神父］が訳してくれます。いいですか）友情をはぐくみ、ほかの人を気にかけ、異なる経験や見方を尊重すること、それがどれほど必要でしょうか。この集いはお祭りです。出会いの文化は夢物語ではなく可能なもので、若者の皆さんには、それを実現していく特別な感性があるという話をしているからです。

三人が投げかけてくれた質問に感銘を受けました。皆さんの具体的な経験と、将来への希望と夢を映し出しているからです。

レオナルドさん。あなたが苦しんだいじめと差別の経験を、分かち合ってくれてありがとう。より多くの若者が、あなたのような経験について勇気をもって話すことの大切さに気づくでしょう。わたしの時代、わたしが若かったころは、レオナルドさんが話したようなことは決して口にしませんでした。学校でのいじめが本当に残酷なのは、自分自身を受け入れ、人生の新しい挑戦に立ち向かうための力をいちばん必要とするときに、精神と自尊心が傷つけられるからです。いじめの被害者が、「たやすい」標的なのだと自分を責めることも珍しくありません。敗け組だ、弱いのだ、価値がない、そんな気持ちになり、とてつもなくつらい状況に追い込まれてしまいます。「こんな自分じゃなかったなら……」と。けれども反対なのです。いじめる側こそ、本当は弱虫です。他者を傷つけることで、自分のアイデンティティを肯定できると考えるからです。自分とは違うとみなすや攻撃することもあります。違いは脅威だと思うからです。実は、いじめる人たちこそがおびえていて、見せかけの強さで装うのです。これについて――よく聞いてください――自分がほかの人を傷つけたくなったり、だれかがほかの人をいじめようとしていると感じたり、そう見えたりしたなら、その人こそ弱虫なのです。いじめられる側は弱虫ではありません。弱者をいじめる側こそ弱いのです。自分を大きく強く見せたがるからです。自分は大した存在なのだと実感したくて、大きく見せて強がる必要があるのです。先ほど（訳注：証言の後に教皇がことばをかけた際）レオナルドさんに「太っているといわれたなら、やせている君よりはましだよ、といったらいい」と教えました。わたしたち皆で、この「いじめ」の文化に対して力を合わせ、この「いじめ」の文化に対してともに力を合わせ、はっきりという必要があります。「もうやめよう！」。この疫病に対して使える最良の薬は、皆さん自身です。学校や大人がこの悲劇を防ぐために尽くす手立てだけでは足りません。皆さんの間で、友人どうしで仲間どうしで、「絶対だめ」、「いじめはだめ」、「ほかの人への攻撃はだめ」といわなければなりません。「それは間違っている」といわなければいけません。クラスメイトや友人の間でともに「立ち上がる」こと以上に、いじめに対抗する強力な武器はありません。そしていうのです。「あなたがしているのは、「いじめ」は、とてもひどいことだよ」と。

「いじめ」る人は臆病者です。恐れは、つねに善の敵です。愛と平和の敵だからです。優れた宗教は、それぞれの人が実践している宗教はどれも、寛容を教え、調和を教え、いつくしみを教えます。宗教は、恐怖、分断、対立を教えません。わたしたちキリスト者は、恐れることはないと弟子たちにいわれるイエスに耳を傾けます。どうしてでしょうか。わたしたちが神とともにおり、神とともに兄弟姉妹を愛するならば、その愛は恐れを吹き飛ばすからです（一ヨハネ4・18参照）。レオナルドさんがはっきりと思い出させてくれたように、イエスの生き方を見ることで、わたしたちの多くは慰めを得られるのです。イエスご自身も、侮蔑され、拒絶され、さらには十字架につけられる意味までも知っていたからです。また、よそ者、避難民、ほかとは「違う」者であるとはどういうことかを知っていました。ある意味で――キリスト者の人と、そうでない人に向けてここではお話ししていますが、信仰の手本として理解してください――イエスこそ、究極の「隅に追いやられた人」であり、与えるためのいのちに満ちた、隅に追いやられた人だったのです。レオナルドさん。自分にないものばかりに目を向けることもできますが、自分が与え、差し出すことのできる人生を見いだすこともできます。世界はあなたを必要としている、それを決して忘れないでください。主は、あなたを必要としています。今日、起き上がるのに手を貸してほしいと求めている多くの人に、勇気を与えるために、主はあなたを必要としておられるのです。人生に役立つことを一つ、皆さんに話したいと思います。人を軽んじ蔑《さげす》むとは、上からその人を見下げることです。つまり、自分が上で、相手が下だと。相手を上から下へ見てよい唯一正当な場合は、相手を起き上がらせるために手を貸すときです。わたしも含め、この中にいるだれかが、だれかを軽んじて見下すなら、その人はどうしようもない奴です。でも、この中のだれかが、手を差し伸べ起き上がらせるために、下にいる人を見るのなら、その人は立派です。だから、だれかを上から下へ見るとき、心に聞いてみてください。自分の手はどこにあるか。後ろに隠しているだろうか。それとも立ち上がらせるために差し伸べているか、と。そうすれば幸せになります。分かりましたか。いいですか、分かりましたか。分かりませんでしたか。しんとしていますね。

それには、とても大切なのにあまり評価されていない資質を向上させることが求められます。他者のために時間を割き、耳を傾け、共感し、理解するという能力です。それがあって初めて、自分のこれまでの人生と傷が、わたしたちを新たにし周囲の世界を変え始めることのできる愛へと開かれるのです。人のために時間を割かず費やさず、「時間を浮かせ」ても、多くのことに時間が奪われ、一日が終わると空虚でくらくらしてしまう――わたしの国では、吐きそうなほどお腹いっぱいに用事を詰め込む、という言い方をします――のです。ですから、家族のために時間を取ってください。友人のために時間を取ってください。でもそれだけでなく、神のためにも、祈りと黙想をもって――各自、自分の信仰に従って……。そうするのが難しいときも祈ってください。あきらめてはいけません。かつて、ある思慮深い霊的指導者がいいました。祈りとは基本的に、ただそこに身を置いているということだと。心を落ち着け、神が入ってくるための時間を作り、神に見つめてもらいなさい。神はきっと、あなたを平和で満たしてくださるでしょう。

これはまさに、未希さんが語ろうとしたことです。彼女は、競争力、生産性ばかりが注目される慌ただしい社会で、若者がどのように神のために時間を割くことができるかを尋ねました。個人や共同体、あるいは社会全体でさえ、外的に高度に発展しても、内的生活は貧しく委縮し、熱意も活力も失っていることがよくあります。中身のない、お人形さんのようになるのです。すべてに退屈しています。夢を見ない若者がいます。夢を見ない若者は悲惨です。夢を見るための時間も、神が入る余地もなく、ワクワクする余裕もない人は、そうして、豊かな人生が味わえなくなるのです。笑うこと、楽しむことを忘れた人たちがいます。すごいと思ったり、驚いたりする感性を失った人たちがいます。ゾンビのように心の鼓動が止まってしまった人たちです。なぜでしょうか。他者との人生を喜べないからです。聞いてください。あなたたちは幸せになります。ほかの人といのちを祝う力を保ち続けるならば、あなたたちは豊かになります。世界には、物質的には豊かでありながらも、孤独に支配されて生きている人がなんと多いことでしょう。わたしは、繁栄した、しかし顔の見えないことがほとんどな社会の中で、老いも若きも、多くの人が味わっている孤独のことを思います。貧しい人々の中でも、もっとも貧しい人々の中で働いていたマザー・テレサは、かつて預言的で、示唆に富んだことをいっています。「孤独と、愛されていないという思いこそが、もっとも恐ろしい貧困です」。心に聞いてみたらいいと思います。「自分にとって、最悪と思う貧しさは何だろう。自分にとっていちばんの貧しさは何だろうか」。正直であれば気づくでしょう。わたしたちが抱えうる最大の貧しさは孤独であり、愛されていないと感じることだと。分かりましたか。わたしの話はつまらない？（若者たちは「ノー」と返答）もう少しで終わります。

この霊的な貧困との闘いは、わたしたち全員に呼びかけられている挑戦であり、あなたがた若者には特別な役割があります。それはわたしたちの優先事項に、わたしたちの選択に、大幅な変更を要求するからです。もっとも重要なことは、何を手にしたか、これから手にできるかという点にあるのではなく、それをだれと共有するのかという点にあると知ることです。何のために生きているかに焦点を当てて考えるのは、それほど大切ではありません。肝心なのは、だれのために生きているのかということです。次の問いを問うことを習慣としてください。「何のために生きているかではなく、だれのために生きているのか。だれと、人生を共有しているのか」と。事も大切ですが、人は欠けてはならないものです。人間不在なら、わたしたちは人間らしさを失い、顔も名もない存在になり、結局はただの物、いくら最高級でも、ただの物でしかないのです。いくら最高の品でも、それは単なる物です。けれどもわたしたちは物ではありません。人間なのです。シラ書には、「誠実な友は、堅固な避難所。その友を見いだせば、宝を見つけたも同然だ」（シラ6・14）とあります。だからこそ、いつも次のように問うことが大事なのです。「わたしはだれのためにあるのか」。あなたが存在しているのは神のためで、それは間違いありません。ですが神はあなたに、他者のためにも存在してほしいと望んでおられます。神はあなたの中に、たくさんの資質、好み、たまもの、カリスマを置かれましたが、それらはあなたのためというよりも、他者のためのものなのです」（使徒的勧告『キリストは生きている』286）。他者と共有するため、ただ生きるのではなく、人生を共有するためです。人生を共有してください。

そしてこれこそが、あなたがたがこの世界に差し出すことのできる、すばらしいものなのです。若者は、この世界に何かを差し出さなければなりません。社会における友情、あなたがたの間の友情をあかししてください。友情は可能です。それは、出会いの文化、受容、友愛、そして一人ひとりの尊厳、とりわけ、もっと愛され理解されることを必要としている人の尊厳に対する敬意、それらを基盤とした未来への希望です。攻撃したり軽蔑したりすることなく、他者のもつ豊かさを評価することを身に着けるのです。

わたしたちの助けとなる考え方があります。身体を生かすには、呼吸をしなければいけません。意識せず行っていることです。だれもが無意識に呼吸しています。本当の意味で充実して生きるには、霊的な呼吸も覚える必要があります。祈りと黙想を通して、心の動きを通してわたしたちに語りかける神に、耳を傾けることができます。また、愛のわざ、奉仕のわざによって他者にかかわる、外的な運動も必要です。この内的外的な動きによってわたしたちは成長し、神はわたしたちを愛しているだけでなく、わたしたち一人ひとりに使命を、固有の召命を託しているのだと気づくことができます。それを知れば知るほど、他者に、それも具体的な人々に、自分を差し出すまでになるのです。

雅子さんは、自身の学生時代と教師としての経験から、そうしたことについて話してくれました。若者が、自分のよさや価値に気づくには、どのような助けを与えたらよいかを尋ねてくれました。もう一度繰り返しますが、成長するには、自分らしさ、自分のよさ、自分の内面の美しさを知るには、鏡を見てもしかたありません。さまざまな発明がありますが、ありがたいことに、まだ魂のセルフィーはできません。幸せになるには、ほかの人の助けが必要です。写真をだれかに撮ってもらわないといけません。つまり、自分の中にこもらずに、ほかの人、とくに、もっとも困窮する人のもとへと出向くことです(同171参照)。皆さんに一ついいたいことがあります。自分のことを見過ぎないでください。鏡ばかりを見ないでください。見つめ過ぎて、鏡が割れてしまう危険がありますからね。もうすぐ話は終わります。もう時間ですね。ともかく、とくにお願いしたいのは、友情の手を広げて、しばしばひどくつらい目に遭って皆さんの国に避難して来た人々を受け入れることです。数名の難民のかたが、ここでわたしたちと一緒にいます。皆さんがこの人たちを受け入れてくださったことは、あかしになります。なぜなら多くの人にとってはよそ者である人が、皆さんにとっては兄弟姉妹だからです。

かつて、賢い教師がいっていました。知恵を培うための鍵は、正しい答えを得ることよりも、正しい問いを見いだすことにあると。それぞれで考えてください。「答えられるだろうか。ちゃんと答えられるだろうか。正解できるだろうか」。はい、と答える人がいれば、それはそれはおめでとうございます。でも、また別の問いを考えてみてください。「正しい質問ができるだろうか。人生について、自分自身について、他者について、神について、途切れることなくそうした問いへと導く心があるだろうか」と。正解すれば試験には合格しますが、正しい質問がなければ、人生の試験には合格しません。皆が雅子さんのように教職に就いているわけではありませんが、皆さんにも期待しています。次世代のためによりよい未来くださるように、それをすることで、もっとも優れた問いを自らに向けられるように、突き詰められるように、そしてまた、それをする他者を助けられるようになってください。

愛する若者の皆さん。熱心に聞いてくれてありがとう。皆さんが割いてくれたこの時間のすべてに、そして皆さんの人生の一部を共有できたことに感謝します。夢を黙殺しないでください。夢をごまかさないでください。夢見る余裕をもってください。視野を広げ、広い地平を目指すことに熱意を燃やして、待っている未来を見つめ、ともに夢を実現する熱意をもちましょう。日本にはあなたがたが必要であり、世界にもまた、自覚をもった、目覚めている皆さんが必要です。寛大な、明るい、情熱的な、皆のための家を築く力をもつあなたがたが必要なのです。皆さんが霊的な知恵をはぐくみ、正しい質問をすることを覚えることで、鏡を見るのを忘れ、他者の目を見ることを覚えられるよう、祈ることを約束します。

皆さんと、皆さんのご家族とご友人に、豊かな幸せを願いつつ、わたしの祝福を送ります。そしてわたしにも幸せを願い、皆さんの祝福を送ってくださることを忘れないでください。

本当にありがとう。

東京カテドラル聖マリア大聖堂

東京カテドラル聖マリア大聖堂

東京ドーム

東京ドーム

＊＊＊

（以下の証言は、教皇の講話に先立って行われた）

小林未希さんの証言

日本のカトリックの青年を代表してごあいさつする機会をいただき、とても光栄に思います。教皇様とは直接英語でお話ししたかったのですが、ここにいる皆さんにも聞いていただきたく、日本語でお話しすることをお許しください。

今の日本は生産性を重視する社会で、とても忙しいように感じます。残念ながらこうした日本において、立ち止まって振り返り、ただ祈るということに価値を置く人はほとんどいないと思います。しかし、少しの間日常から離れ、神様のもとで一週間を振り返り、祈り、また神様とともに日々の生活を送る、という日常と非日常の往復は、現代を生きるうえで必要だと感じています。以前東ティモールの学校へ行ったとき、毎晩ミサにあずかり、静かに祈り、聖堂に響きわたる声で歌っていた生徒の姿を見て、自然と神様とともに生きている姿が美しいと感じました。この日常と非日常の往復があることで日常をより豊かに生きることができると思います。変化の速い世の中でも思考停止に陥らず、考え、神様に判断基準を置いて生きることができます。

今の日本はある意味豊かな世の中です。いのちの危険を感じることはほとんどなく、何かを信じなくても生きていける世の中かもしれません。こうした環境で青年は、何を通して神様に出会っていくのでしょうか。出会う場所があるのでしょうか。

満天の星を見て、神様の偉大さやここに神様がいるという幸せを感じると同時に、自分の無力さに気づかされる機会も、余裕がないために失われているかもしれません。信仰について語り、深め合うことができる仲間が周りにはいないかもしれません。神様を信じることがマイノリティである日本において、日々の生活の中で信仰をもって生きる人の姿を見ることが難しければ、信仰をもって生きる意味を見いだすことはできないかもしれません。信仰をもって生きるあこがれの姿、モデルが見つからないことは残念なことです。

大阪の釜ヶ崎には、人々からは邪魔者扱いをされ、社会サービスを享受できていない日雇い労働者がいます。また外国からの技能実習生は、一部では使い捨ての労働力のように扱われ、搾取されています。

こうしたところに、教会だからこそ果たせる役割があるのではないでしょうか。神様のものさしは、社会のものさしやわたしたちの価値基準とは異なります。一人ひとりを大切にする視点があるはずです。教会は外に出て行くことで初めて生きたものとなるのではないでしょうか。そして教会に集う人たちもまた、信仰をもって社会の中で生きていくことが求められていると思います。

日本は豊かな国だと申しましたが、もちろん課題も多く存在します。今後グローバル化によって、さらにさまざまな背景をもつ人が住む世の中になります。こうした日本社会の中で、教会がどのような役割を果たし、青年はどのように神様と出会って生きていくのか、これらについてのお考えをお伺いしたいと思います。

工藤雅子さんの証言

本日はとても貴重な機会をいただき、ありがとうございます。

わたしは今、中学校の教員として、保健体育を教えています。

教育実習のとき、毎日、生徒三十八名全員と一緒に、心と足を揃えて、大ムカデの競争の練習に励みました。このとき、仲間と夢中になれること、努力することのすばらしさを感じ、生徒とともにわたしも成長することができました。こうして教員の道に進む決意ができました。

しかし、教員への道は甘くありませんでした。このときばかりは、それまで毎日できなかった朝夕のご供養（祈り）を実践し、周りのかたの助けや励みをいただきながら、おかげさまで無事に試験に合格することができました。そして、目指していた今の職業に就くことができました。

日本ではいじめや自殺のニュースが絶えず、生徒たちは、友人関係のトラブル、教師や学校に対する不安等を抱えています。そして、携帯電話やパソコン、ゲーム機などの普及によって、友達と語り合ったり、競い合ったりすることを億劫《おっくう》に感じ、一人殻にこもっている生徒が多いと感じています。

わたしの学校にも、他者と比較し、劣等感や優越感を感じ、自分を好きになれない、自己肯定感が低い、その一方で、他者の努力を、成果を認められず、ひがむ心が沸いてしまう、そんな子どもたちがいるように感じます。朝、どんよりした表情の生徒に声をかけてみると「親と喧嘩《けんか》した。わたしを邪魔もの扱いした」「兄弟と比べられた」等のことばが出てきました。成績のよい人に対して、「どうせあの子は頭の出来が違うんだ」「先生にいい顔をしているんだ」と、だれかと比べ、攻撃的になっています。

それは、同時にわたしの姿でした。わたしも自分を兄や他者と比べ、だれよりも優れていたい、認められていたいと思っている自分がいました。

生徒の気持ちが分かる一方で、教員として、生徒の話を聞く他に、どのようにかかわったらよいのでしょうか。

教皇様、どうぞご指導のほうをよろしくお願いいたします。ありがとうございました。

レオナルド・カチュエラさんの証言

僕は両親が二人ともフィリピン人で、フィリピンに生まれて、小学校四年生のころに日本に移住しました。僕たちにとって、ほかの国で生活するというのはとても大変でした。ことばもまったく話せないし、文化や習慣の違いもありました。その中で僕がもっとも苦しんだのはいじめの問題です。

僕が小中学生の時、同じクラスの男子にいじめられていました。「外国人だからダメ」「でぶ」「キモい」と、聞こえるように小声でいわれ、目が合うだけで嘲笑され、いつの間にか笑えなくなり、毎日〝消えたい〟と思うようになりました。

陰口に気づいてからは、毎日人の目線が気になりました。その場にいるだけで、生きていることを否定され続けている気分しかありませんでした。暴力を振るわれたことはなかったが、ことばが、視線が、表情が、見えない圧迫感が、僕を追い詰めていきました。学校では一人でいる時間が増え、ほかの人たちとも距離ができてしまいました。休み時間などに、友達があまりいないため、他のグループに入ろうとすると、みんなが僕を避けるような感じで、離れていきました。これが毎日続き、学校に行くのが嫌になって、一週間ほど学校に行けない時期もありました。この毎日がとてもつらくて、何回か自殺をしようかと考えたこともありました。

だけど、その中で教会の人やイエス様のことばに何度も救われました。日曜日に教会に行って、すごく気持ちが楽になるときもありました。教会の神父さんやリーダー、仲間たちからの優しいことばや、イエス様に教わったこと、聖書の中でも「恐れてはならない、わたしはあなたとともにいる。驚いてはならない、わたしはあなたの神である。わたしはあなたを強くし、あなたを助け、わが勝利の右の手をもって、あなたをささえる」ということばが僕をすごく支えてくれました。

今、いじめは日本だけではなく、世界のいろいろな場所で大きな問題となっています。また、いじめに会う場所は、学校などの現実社会からネット社会にまで広がっています。ただ「幸せに生きたい」というだけなのに、生き抜くことができない人たちがたくさんいます。

教皇様、教えてください。この世界に広がる差別やいじめの問題に、わたしたちはどのように向き合っていったらいいのでしょうか。

ミサ説教（すべてのいのちを守るため）

東京ドーム、十一月二十五日

今聞いた福音は、イエスの最初の長い説教の一節です。「山上の説教」と呼ばれているもので、わたしたちが歩むよう招かれている道の美しさを説いています。聖書によれば、山は、神がご自身を明かされ、ご自身を知らしめる場所です。神はモーセに、「わたしのもとへ登りなさい」（出エジプト24・1参照）と仰せになりました。その山頂には、主意主義によっても、「出世主義」によっても到達できません。分かれ道において、師なるかたに、注意深く、忍耐をもって丁寧に聞くことによってのみ到達できるのです。山頂は平らになり、周りがすべて見渡せるようになり、そこはたえず新たな展望を、御父のあわれみを中心とする展望を与えてくれるのです。イエスにこそ、人間とは何かの極みがあり、わたしたちの考えをことごとく凌駕《りょうが》する充満に至る道が示されています。イエスにおいてわたしたちは、自分たちは神の子どもだと知って自由を味わう、新たないのちを見いだすのです。

しかし、わたしたちはこの道において、子としての自由が抑え込まれ弱まるときがあることを知っています。それは、不安と競争心という悪循環に陥るときです。あるいは、息も切れるほど熱狂的に生産性と消費を追い求めることに、自分の関心や全エネルギーを注ぐときです。まるでそれが、自分の選択の評価と判断の、また自分は何者か、自分の価値はどれほどかを定めるための、唯一の基準であるかのようにです。そのような判断基準は、大切なことに対して徐々にわたしたちを無関心、無感覚にし、表面的ではかないことがらに胸がときめくように仕向けるのです。何でも生産でき、すべてを支配でき、すべてを操れると思い込む熱狂が、どれほど心を抑圧し、縛りつけることでしょう。

ここ日本は、経済的には高度に発展した社会ですが、今朝の青年との集いで、社会的に孤立している人が少なくないこと、いのちの意味が分からず、自分の存在の意味を見いだせず、社会の隅にいる人が、決して少なくないことに気づかされました。家庭、学校、共同体は、一人ひとりがだれかを支え、助ける場であるべきなのに、利益と効率を追い求める過剰な競争によって、ますます損なわれています。多くの人が、当惑し不安を感じています。過剰な要求や、平和と安定を奪う数々の不安によって打ちのめされているのです。

力づける香油のごとく、主のことばが鳴り響きます。思い煩うことなく信頼しなさい、と。主は三度にわたって繰り返して仰せになります。自分のいのちのことで思い悩むな、……明日のことまで思い悩むな（マタイ6・25、31、34参照）。これは、周りで起きていることに関心をもつなといっているのでも、自分の務めや日々の責任に対していい加減でいなさいといっているのでもありません。それよりも、意味のあるより広い展望に心を開くことを優先して、そこに主と同じ方向に目を向けるための余地を作りなさいという励ましなのです。「何よりもまず、神の国と神の義を求めなさい。そうすれば、これらのものはみな加えて与えられる」（マタイ6・33）。

主は、食料や衣服といった必需品が大切でないとおっしゃっているのではありません。それよりも、わたしたちの日々の選択について振り返るよう招いておられるのです。何としてでも成功を、しかもいのちをかけてまで成功を追求することにとらわれ、孤立してしまわないようにです。この世での己の利益や利潤のみを追い求める世俗の姿勢と、個人の幸せを主張する利己主義は、実に巧妙にわたしたちを不幸にし、奴隷にします。そのうえ、真に調和のある人間的な社会の発展を阻むのです。

孤立し、閉ざされ、息ができずにいる「わたし」に抗しうるものは、分かち合い、祝い合い、交わる「わたしたち」、これしかありません（「一般謁見講話（二〇一九年二月十三日）」参照）。主のこの招きは、わたしたちに次のことを思い出させてくれます。「必要なのは、「わたしたちの現実は与えられたものであり、この自由でさえも恵みとして受け取ったものだということを、歓喜のうちに認めることです。それは今日の、自分のものは自力で獲得するとか、自らの発意と自由意志の結果だと思い込む世界では難しいことです」（使徒的勧告『喜びに喜べ』55）。それゆえ、第一朗読において、聖書はわたしたちに思い起こさせます。いのちと美に満ちているこの世界は、何よりも、わたしたちに先立って存在される創造主からの、すばらしい贈り物であることを。「神はお造りになったすべてのものをご覧になった。見よ、それはきわめてよかった」（創世記1・31）。与えられた美と善は、それを分かち合い、他者に差し出すためのものです。わたしたちはこの世界の主人でも所有者でもなく、創造主と同じ夢にあずかる者なのです。「わたしたちが、自分たち自身のいのちを真に気遣い、自然とのかかわりをも真に気遣うことは、友愛、正義、他者への誠実と不可分の関係にある」（回勅『ラウダート・シ』70）のです。

この現実を前に、キリスト者の共同体として、わたしたちは、すべてのいのちを守り、知恵と勇気をもってあかしするよう招かれています。感謝、思いやり、寛大さ、ただ聞くこと、それらを特徴とする姿勢を、いのちをそのままに抱きしめ受け入れる姿勢を、あかしするようにと。「そこにあるもろさ、さもしさをそっくりそのまま、そして少なからず見られる、矛盾やくだらなさをもすべてそのまま」（「ワールドユースデー・パナマ大会の前晩の祈りでの講話（二〇一九年一月二十六日）」）引き受けるのです。わたしたちは、この教えを推し進める共同体となるよう招かれています。つまり、「完全でなく、純粋でもなく、純化されていなくても、愛をかけるに値しないと思ったとしても、まるごとすべてを受け入れるのです。障害をもつ人や弱い人は、愛するに値しないのですか。よそから来た人、間違いを犯した人、病気の人、牢にいる人は、愛するに値しないのですか。イエスは、重い皮膚病の人、目の見えない人、からだの不自由な人を抱きしめました。ファリサイ派の人や罪人をその腕で包んでくださいました。十字架にかけられた盗人すらも腕に抱き、ご自分を十字架刑に処した人々さえもゆるされたのです」（同）。

いのちの福音を告げるということは、共同体としてわたしたちを駆り立て、わたしたちに強く求めます。それは、傷をいやし、和解とゆるしの道をつねに差し出す準備のある、野戦病院となることです。キリスト者にとって、個々の人や状況を判断する唯一有効な基準は、神がご自分のすべての子どもたちに示しておられる、いつくしみという基準です。

主に結ばれて、善意あるすべての人と、また、異なる宗教を信じる人々と、協力と対話を欠かさずにいたならば、わたしたちは、すべてのいのちを、よりいっそう守り世話する、社会の預言的パン種となれるでしょう。

要人および外交団との集い

東京・首相官邸、十一月二十五日

内閣総理大臣閣下
政府高官の皆様
外交団の皆様
お集まりの皆様

まず総理大臣の歓迎のおことばに感謝申し上げます。そして政府高官の皆様と外交団の皆様に、謹んでごあいさつ申し上げます。皆様はそれぞれのお立場において、平和のために、そしてこの崇高な日本という国の人々、および皆様が代表される国々の民の発展のために尽力されていらっしゃいます。わたしは今朝天皇陛下にお会いできたことに大変感謝しております。この新しい（令和という）時代の始まりにあたって、天皇陛下のこれからのご活躍を願い、皇族の皆様、すべての日本国民に、神の祝福をお祈りします。

バチカンと日本の友好関係の歴史は古く、この地を最初に訪れた宣教師たちが日本に対して抱いた高い評価と称賛に根ざすものです。一五七九年にイエズス会士のアレッサンドロ・ヴァリニャーノが書き残した「わたしたちの神が人間に何を与えたかを見たければ、日本に来て、見ればよい」ということばを思い起こすだけで十分です。歴史的に両国間の交流の機会は多く、その関係を深めてきた文化的、外交的使節の往来があったおかげで、大きな緊張や困難も乗り越えることができたのです。このような交流は、双方に益をもたらすものとして、政治レベルでも築かれてきました。

わたしは、日本のカトリック信者の信仰を強めるために、また、困窮する人への、そして市民であることを誇りに思う国への奉仕に、愛のわざを尽くす彼らを強めるために参りました。国家として日本は、不遇にある人や障害をもつ人の苦悩に対しとりわけ敏感です。今回の訪問のテーマは、「すべてのいのちを守るため」です。これは、すべてのいのちがもつ不可侵の尊厳と、さまざまな苦難の中にいる兄弟姉妹に連帯と支援を示すことの大切さを認識するということです。これに関して強く胸打たれたのは、（東日本大震災で）三重の災害に遭われたかたがたのお話をうかがったときでした。被災者の皆様が経験されておられる困難な状況に心を揺さぶられました。

前任の教皇たちの足跡に従って、神に切に願うとともに、すべての善意ある人に呼びかけます。もう二度と、人類の歴史において、広島と長崎に投下された原爆によってもたらされた破壊が繰り返されないよう、阻止するために必要なあらゆる仲介を推し進めてください。民族間、国家間の紛争は、そのもっとも深刻なケースにおいてさえ、対話によってのみ有効な解決を見いだせること、そして対話こそ、人間にとってふさわしく、恒久的平和を保証しうる唯一の手段だということを歴史は教えています。核の問題は、多国間のレベルで取り組むべきものだと確信しています。すなわち、政治的・制度的プロセスを促進することで、コンセンサスとより広範な国際的行動を創造することができるからです。

出会いと対話の文化――これは見識と展望と広い視野があって成り立つものです――こそが、より正義と友愛に満ちた世界を建設するために重要なのです。日本は、教育、文化、スポーツ、観光の分野において、人と人との交流を促進する重要性を理解してきました。それが、平和という建物を強固にする、調和、正義、連帯、和解に大いに貢献することをご存じだからです。その際立った例を、オリンピックの精神に見ることができます。世界中からアスリートが一つの競技に参加しますが、それは、競い合うことがすべてではなく、最高のパフォーマンスの追求のためなのです。わたしは来年日本で開催されるオリンピックとパラリンピックが、国や地域の垣根を越えて、家族であるわたしたち人類全体の幸せを求める、連帯の精神をはぐくむ推進力になると確信しています。

この数日の間、何世紀にもわたる歴史の中ではぐくまれ大切にされてきた日本の貴重な文化遺産と、日本古来の文化を特徴づける宗教的・倫理的な奥深い価値に、あらためて感銘を受けました。異なる宗教間のよい関係は、平和な未来のために不可欠なだけでなく、現在と未来の世代が、真に正義と人間性にかなった社会の基盤となる道徳規範の大切さを認められるよう導くうえでも欠かせません。今年二月にアル＝アズハルの大イマームとともに署名した「世界平和と共存のための人類の友愛に関する文書」の中でわたしたちは、家族である人類の将来のために共有する課題に促され、「歩むべき道として対話の文化を、とるべき態度として相互協力を、方法・基準として相互認識を採択」しました。

日本を訪れる人はだれしも、この国の自然の美しさに感嘆します。この自然の美しさは、何世紀もの間、詩人や芸術家によって表現され、とくに桜の花の姿に象徴されてきました。しかしながら、桜の花のはかなさに、わたしたちの共通の家である地球の脆弱《ぜいじゃく》さも想起するのです。地球は自然災害だけでなく、人間の手によって貪欲に搾取されることによっても破壊されています。被造物を守るという責務を国際社会が果たすのは困難だとみなすとき、ますます声を上げ、勇気ある決断を迫るのは若者たちです。若者たちは、地球を搾取のための所有物としてではなく、次の世代に手渡すべき貴重な遺産として見るよう、わたしたちに迫るのです。わたしたちは「彼らに対し、むなしいことばでではなく、誠実にこたえなければなりません。まやかしではなく、事実によって、こたえるのです」（二〇一九年「被造物を大切にする世界祈願日」教皇メッセージ2）。

この点において、わたしたちの共通の家を保全するための統合的アプローチは、ヒューマン・エコロジーをも考慮しなければなりません。保全のための責任ある取り組みは、世界の大半の人が貧困にあえいでいる一方で、特権的なごく少数の人が甚だしい富に浴しているというグローバルな経済システムにおいて広がっている、貧富の差に立ち向かうことを意味しています。これについて、日本政府がさまざまなプログラムを促進しておられることを存じております。国家間の協働責任の意識を高める啓発を続けてくださるよう励まします。人間の尊厳が、社会的、経済的、政治的活動、それらすべての中心になければなりません。世代間の連帯を促進する必要があり、社会生活においてどんな立場にあっても、忘れられ、排除されている人々に思いを寄せなければなりません。わたしは、とくに若者たちのことを考えます。彼らは成長過程でのさまざまな困難に直面して、押しつぶされそうに感じてしまうことも少なくありません。同様に、孤独に苦しむ高齢者や、身寄りのない人のことも考えます。結局のところ、各国、各民族の文明というものは、その経済力によってではなく、困窮する人にどれだけ心を砕いているか、そして、いのちを生み、守る力があるかによって測られるものなのです。

訪日が終わろうとする今、今回ご招待を受けたことに、そして心からのおもてなしを受けたことに、またこのおもてなしがうまく運ぶように尽力してくださったすべてのかたの寛大さに、あらためて感謝いたします。このような思いをお伝えすることで、これからの努力によって、よりいっそう生命を守り、人類家族一人ひとりの尊厳と権利をいっそう尊重する社会秩序を形成する皆様を、応援したいと思います。皆様と皆様のご家族、そして皆様が奉仕するすべての民に、神の祝福が豊かにありますよう祈ります。

ありがとうございます。

上智大学訪問

東京・上智大学、十一月二十六日

愛する兄弟姉妹の皆さん。

わたしの教皇としての日本司牧訪問の最後に、貴国を発ってローマに戻る前の少しの時間を皆さんとともに過ごせることを、大変うれしく思います。お別れの時です。

この国での滞在は短いものでしたが、大変密度の濃いものでした。神と、日本のすべての人に、この国を訪れる機会をいただいたことを感謝します。日本は、聖フランシスコ・ザビエルの人生に多大な影響を与えた国であり、多くの殉教者がキリスト教信仰をあかしした国です。キリスト教信者は少数派ですが、存在感があります。わたし自身、カトリック教会に対して一般市民がもつ好意的評価を目にしましたが、こうした互いの敬意が、将来において深まっていくことを期待します。また、日本社会は効率性と秩序によって特徴づけられていますが、一方で、何かそれ以上のものを望み、探しているように見受けられます。よりいっそう人間らしく、もっと思いやりのある、もっといつくしみに満ちた社会を創り出したいという熱い望みです。

学問と思索は、すべての文化にあるものですが、皆さんの日本文化はこの点において、長い歴史にはぐくまれた豊かな遺産として誇るべきものです。日本はアジア全体としての思想と宗教を融合し、独自の明確なアイデンティティをもつ文化を創り出すことができました。聖フランシスコ・ザビエルが深く感銘を受けた足利学校は、さまざまな見聞から得られる知識を吸収し伝播するという日本文化の力を示す好例です。学問、思索、研究にあたる教育機関は、現代文化においても重要な役割を果たし続けています。それゆえ、よりよい未来のために、その自治と自由を保ち続けることが必要です。大学が未来の指導者を教育する中心的な場であり続けるとしたら、そこでは、及ぶかぎり広い範囲における知識と文化が、教育機関のあらゆる側面がいっそう包摂的で、機会と社会進出の可能性を創出するものになるような着想を与えるものとならなければなりません。

上智《ソフィア》。人間は自らの資質を建設的かつ効果的に用いるために、真のソフィア、真の叡智《えいち》なるものをつねに必要としてきました。あまりにも競争と技術革新に方向づけられた社会において、この大学は単に知的教育の場であるだけでなく、よりよい社会と希望にあふれた未来を形成していくための場となるべきです。そして、回勅『ラウダート・シ』の精神で、自然への愛についても加えたいと思います。自然への愛は、アジアの文化に特徴的なものです。ここに、わたしたちの共通の家である地球の保護に向けられる、知的かつ先見的な懸念を表現すべきでしょう。その懸念は、技術主義《テクノクラティックパラダイム》の一部である還元主義的な企て全体を掘り下げ、疑問視できる、新たな思考体系《エピステーメー》の発展と結びつきうるものです（同106—114参照）。見失わないでください。「真正な人間性は、閉じた扉の下からそっと入り込む霧のようにほとんど気づかれないながらも、新たな総合へと招きつつ、テクノロジー文化のただ中に住まっているようです。真正なものの粘り強い抵抗が生まれるのですから、いろいろなことがあったとしても、期待し続けることはできるのではないでしょうか」（同112）。

上智大学はつねにヒューマニズム的、キリスト教的、国際的というアイデンティティによって知られてきました。創立当初から、さまざまな国の出身の教師の存在によって豊かにされてきました。時には対立関係にある国々からの出身者さえいました。しかしながら、すべての教師たちが、日本の若者たちに最高のものを与えたいという願いによって結ばれていたのです。まさにこれと同じ精神が、皆さんが日本と国外で、もっとも困っている人々を支援しているさまざまなかたちの中に脈々と続いています。皆さんの大学のアイデンティティのこのような側面がいっそう強化され、今日のテクノロジーの大いなる進歩が、より人間的な、より正義に即して環境に責任ある教育に役立つものとなると確信しています。上智大学が礎を置くイグナツィオの伝統に基づき、教員と学生が等しく思索と識別の力を深めていく環境を作り出すよう、推進していかなければなりません。この大学の学生の中に、良心に従って最善のものを、責任をもって自由に選択するすべを習得せずに卒業する人がいてはなりません。それぞれの状況において、たとえそれがどんなに複雑なものであったとしても、己の行動において、何が正義であり、人間性にかない、まっとうであり、責任あるものかに、関心をもつ者となってください。そして、決然と弱者を擁護する者と、ことばと行動が偽りや欺瞞であることが少なくないこの時代にあって、まさに必要とされるそうした誠実さにおいて知られる者となってください。

イエズス会が計画した「普遍的使徒的優先課題」は、若者に寄り添うことが、世界中で重要な現実であることを明確にし、イエズス会のすべての教育機関が、こうした同伴を促進すべきとしています。若者をテーマとした世界代表司教会議《シノドス》とその関連文書が示しているように、普遍教会もまた、世界中の若者たちを、希望と関心をもって見つめています。皆さんの大学全体で、若者に目を注ぐべきです。若者たちは準備された教育の受け手となるだけでなく、アイデアを提供し、未来のための展望や希望を分かち合うことで、自身も教育の一翼を担うべき存在であるべきです。皆さんの大学が、このような相互のやり取りのモデルを示し、そこから生み出される豊かさと活力によって知られる存在となりますように。

上智大学のキリスト教とヒューマニズムの伝統は、すでに述べたもう一つの優先事項と完全に一致します。すなわち、現代世界において貧しい人や隅に追いやられた人とともに歩むことです。自らの使命に基軸を置く上智大学は、社会的にも文化的にも異なると考えられているものをつなぎ合わせる場となることにつねに開かれているべきです。格差を縮め、隔たりを減らすことに寄与する教育方法を推進しうる状況を作り出すために、隅に追いやられた人々を大学のカリキュラムに創造的に巻き込み、組み入れるべきです。質の高い大学での勉学は、ごく少数の人の特権とされるのではなく、正義と共通善に奉仕する者という自覚がそこに伴われるべきです。それは、各自が働くよう課された分野で、めいめいが果たす奉仕なのです。わたしたち全員にとっての大義であり、ペトロがパウロに与えた今日でも明白な助言です。「貧しい人たちのことを忘れてはいけません」（ガラテヤ2・10参照）。

上智大学の愛する若者、愛する教員、愛する職員の皆さん。このようなわたしの考えと、今日のわたしたちの集いが、皆さんの人生とこの学びやでの生活において実を結びますように。主なる神とその教会は、皆さんが神の叡智を求め、見いだし、広め、今日の社会に喜びと希望をもたらす、その使命を担うよう期待しています。どうぞ、わたしのため、そしてわたしたちの助けを必要としているすべての人のために、祈ることを忘れないでください。

最後に、いよいよこうして日本を離れるに際し、皆さんに感謝します。そして皆さんを通して、すべての日本の人に、わたしの訪問中にくださった心のこもった温かい歓迎に感謝いたします。わたしの胸の中に、祈りの中に、皆さんがおられることを約束します。ありがとうございます。

帰途の航空機内での記者会見

教皇専用機内、十一月二十六日

マテオ・ブルーニ（聖座プレスオフィス・ディレクター）

皆さん、こんにちは。教皇様、こんにちは。充実した旅でしたね。記者の皆さん、そして教皇様にとっては、結構きつい旅であったかもしれませんが――。すばらしい旅でした。非常に重要な行事もありましたし、話題も多く、スピーチも多かったですね。さて、ここで記者との会見を行います。もし初めに、何かひと言あれば……。

教皇フランシスコ

皆さんご苦労さまでした。かなり密度の濃い、しかも、一方はタイ、もう一方は日本と、カテゴリーもがらりと変わる旅でしたものね。同一のカテゴリーでは測れない、もろもろのことがありますね。事実は、同じ現実に立つカテゴリーをもって評価されなければなりません。ですが、二つのまったく異なる現実がありました。ですから二倍の働きが必要ですね。二倍働かれた皆さんに感謝します。強行スケジュールでしたが、働きはすばらしかっただろうと思っています。ありがとう。この仕事にあたった皆さんには親しみを感じています。ありがとうございます。

マテオ・ブルーニ

最初の質問は、「カトリック新聞」の山元神父からどうぞ。

山元眞神父、カトリック新聞

こんにちは、教皇様。遠く日本までお越しいただきありがとうございます。わたしは、長崎のすぐ隣の、福岡の教区司祭です。お聞きします。長崎と広島を訪問されましたが、何をお感じになりましたか。もう一つお聞きします。西洋の社会と教会は、東洋の社会や教会から何か学ぶことがあるでしょうか。

教皇フランシスコ

最後の質問から始めますね。非常に感銘を受けたことが一つあります。「lux ex Oriente, ex Occidente luxus（光は東方から、贅沢は西方から）」（訳注：古代ローマの格言 Ex oriente lux, ex occidente lex［光は東方より、法は西方より］をもじっている）という格言があります。光は東方からもたらされ、贅沢、消費主義は西方からもたらされます。まさしく東方の知恵というものがあります。それは、知識とは別の知恵のことで、時の知恵、沈思の知恵です。西洋社会、いつだって、あまりに急ぎ過ぎている社会が、しばし観照することを覚え立ち止まることに、物事を詩的に眺めることにさえ、大いに助けとなります。お分かりになりますか。そう考えると、これはわたしの個人的な意見ではありますが、西洋には少し詩情が欠けているように思います。美しい詩はいくつもありますが、東洋はそれをはるかにしのぎます。東洋は、物事を達観した目で見ることができます。「超越」という語は使わないつもりです。というのも、東洋の宗教には、超越という観念がない宗教もあるからです。ですが、超越とはいわずとも、当然、内在性から脱する、達観のイメージには賛同いただけるでしょう。ですので、「詩情」といわせてもらいます。断食や贖罪行為、さらには東洋賢者らの知恵の書を学ぶことで、己の完徳を目指す、無私無欲の境地を指しています。わたしたち西洋人は、しばし立ち止まり、よい働きをなすよう知恵に時を与えるべきなのだと思います。せわしない文化には、「じっとたたずむ」文化が必要なのです。立ち止まってください。違いをはっきりさせるのにこうした説明がふさわしかったのかは分かりませんが、ともかくこれがわたしたちに必要なものだと思います。

一つ目の質問についてです。長崎と広島ですね。どちらも被爆地ですので、双方は同じく考えられます。ですが一つ違いもあります。長崎にあったのは原爆だけでなく、キリスト信者もいたということです。長崎にはキリスト者のルーツが、古くからのキリスト教信仰があります。キリシタン迫害は日本全土で行われたものの、長崎ではとても激しいものでした。教皇庁大使館の参事官がわたしに、当時の「指名手配」が書かれた木製の高札のレプリカをくださいました。「キリシタンを訴人せよ。キリシタンを見つけ報告した者には報奨金を、司祭を見つけ報告した者には報奨金を与える」。このようなものが、資料館に納められることになるのですね。胸を打たれます。これが、迫害の時代だったのです。これが、原子爆弾を

「相対化」する――よい意味で捉えてほしいのですが――キリシタンの事実です。長崎には二つの出来事があるのです。長崎を訪れて、単に、「なるほど、長崎はキリシタンの地ですね。原爆ねえ……」と考えるだけでは、そこ止まりです（歴史の一部を無視しています）。一方、広島に行くのは、原爆が最大の理由です。長崎ほどはキリスト教都市ではないからです。だからわたしは、両方を訪れたかったのです。事実、どちらにも原爆の惨禍はあったのです。

広島は、残酷さについて人類に教える、真のカテケージスでした。残酷さ――。わたしは広島の資料館の見学がかないませんでした。（あの集いに）ぎりぎりの時間で、ひどい天候でしたから。だれもが、悲惨だ、実に悲惨だと話します。どうしてこの惨劇を起こしてしまったのかと、国家元首や一般市民も書き残しています。わたしにとってそれは、長崎でのもの以上に心に突き刺さる体験となりました。長崎には、殉教者の記念館がありました。ちょっとだけ中を見学しました。ともかく、広島の資料館は見学がかなわなかったものの、非常に心に残りました。そしてその地で、わたしは、核兵器の使用は倫理に反すると強く訴えてきました。このことは、『カトリック教会のカテキズム』に加えられるべきです。しかも、使用のみならず保有についてもそうなのです。保有（していたならば）、事故もしくは一人の支配者の狂気、だれかの狂気によって、人類壊滅の可能性があるからです。アインシュタインのあのことばを考えてみてください。「第四次世界大戦は、こん棒と石で戦うだろう」。

マテオ・ブルーニ

次の質問は、朝日新聞勤務の河原田さんからお願いします。

河原田慎一、朝日新聞

こんにちは、教皇様。原発について質問したいと思います。いみじくもご指摘なさったように、永続的平和は軍備撤廃なくしては達成できません。日本は、米国の核の傘を享受しており、同時に、核エネルギー生産国でもあります。核エネルギーは、痛ましくも福島での事故によって証明されたとおり、環境と人類に対する脅威を含むものです。日本はいかにして、世界平和に貢献できうるでしょうか。原子力発電所は停止すべきでしょうか。ありがとうございます。

教皇フランシスコ

原子力産業の保有についてから始めましょうか。事故はいつだって起きうるものです。皆さんが経験されたように、大きな被害を引き起こした三重災害ということだってありえます。核エネルギーは極限のものです。兵器に利用してはなりません。利用すれば破滅だからです。まったくもって、核エネルギーの利用は限定的なものです。完全な安全性を確保できていないからです。できていないのです。こうおっしゃるかもしれません。「ええ、ですが他の発電手段であっても、安全性が欠けていれば災害は起こりえます」。ですがそれは、壊滅には至らない災害です。原子力発電所の原子力災害は、すさまじい大惨事です。にもかかわらず、安全性は確保されていないのです。これは個人的な見解ですが、使用上の完全な安全性が確保されるまで、核エネルギーは用いるべきではないでしょう。もっともわたしはこの分野の専門家ではありませんから、一つのアイデアを申し上げたにすぎません。核エネルギーは被造物の保護とは相いれず、それを破壊するので、使用をやめるべきという人もおられます。なお議論の最中です。わたしは、安全性について論じたいと思います。大惨事を食い止める安全性が確保できていないのです。世界で十年に一度の災害であっても、被造界に（大きな影響を）及ぼすのです。核エネルギーによる、被造界に対する、そして人間に対する災害です。

ウクライナの原発事故は、長年にわたって影響を及ぼし続けています。わたしはそれを、

東京ドーム

東京ドーム

Papa Francisco.
Estoy muy feliz de venir a Japón!
Te amo por siempre
chinatsu
I WAS BORN THIS WAY
Takara
WE pray for you!
Facultas Theologiae

上智大学

上智大学

戦争や兵器とは分けて考えています。ともかく、今わたしがいいたいのは、大惨事と自然環境の双方について、安全性を追求しなければならないということです。環境についていえば、限界を超えてしまっている、極限に達している、そう思っています。農業では、たとえば農薬の問題があります。養鶏を見ても、医者は母親たちにブロイラーを食べるのは控えるよう指導しています。そうした鶏はホルモン剤投与によって太らされ、子どもたちの健康に悪いのです。環境によくないものを使用することで引き起こされる特殊な病気が、今日非常に多く存在しています。難病です。送電線によるものやさまざまな理由があります。環境への配慮は、今日なさねばならないことで、チャンスは二度とありません。そして核エネルギーに話を戻しますが、それについても、構造、安全性、環境保護の観点が不可欠です。

マテオ・ブルーニ

三つ目の質問は、日本の共同通信社のエリザベッタ・ズーニカさん、どうぞ。

エリザベッタ・ズーニカ、共同通信社

袴田巌《はかまだいわお》氏は日本の死刑囚で、再審を訴えています。彼は東京ドームのミサに出席していましたが、あなたと話はできませんでした。短時間の面会が予定されていたのかどうか、お答えいただけないでしょうか。日本では死刑について広く議論されているからです。死刑に関するカテキズムの変更のほんのひと月前に、十三名もの死刑が執行されました。今回の訪日中の発言には、この問題についての言及がありませんでした。どうしてこのような機会に、発言しようとはなさらなかったのですか。それとも、安倍首相とは何か話をなさったのでしょうか。

教皇フランシスコ

ご指摘の死刑のことについては、後で知りました。そのかたを存じ上げていませんでした。知りませんでした。首相とは、広く多くの問題について協議をしました。死刑にしろ終身刑にしろ、終えることのできない刑はやめるべきです。しかしそれについても、一般的な問題の一つとして話しました。これは、他の国にも存在する問題です。過剰に詰め込まれた刑務所や、判決前に拘置所に勾留されている人、推定無罪が無視されて……。そこで待って、待って、待ち続けていなければならないことについてです。十五日前に刑法に関する国際会議に参加し、刑務所、予防拘禁、死刑について話をしました。死刑は倫理に反し、行ってはならないものだとはっきりと述べました。このことは、良心はさらに成長していくということと合わせて考えていくべきです。たとえば、政治的問題から廃止にはせず、凍結している国があります。表明することなく廃止を表明する、たとえば終身刑などです。ですが問題は、刑罰はつねに社会復帰のためのものでなければならない、ということなのです。「窓」のない、先の見えない刑罰は、人間性にかなうものではありません。終身刑だってそうです。終身刑に服している人がいかに社会復帰――（刑務所の）内側であろうと外であろうと――できるかを考えなければなりません。ともかく必ず将来が、社会復帰が必要なのです。「でも頭のおかしな犯人もいます。病気の影響や、狂気のため、矯正できない遺伝的な理由などで……」というかもしれません。それでも、せめて本人が、人間らしさを感じられるような方法を探さなければなりません。今日、世界の多くの地で、刑務所が囚人であふれ返っています。それは生身の人間が積まれている状態で、よくなるどころか、大抵は悪くなってしまうのです。わたしたちは死刑制度と闘わなければなりません。少しずつであってもです。「廃止します」、そう述べる国や地域が出てきていることは喜びです。昨年、ある州知事と話をしたのですが、そのかたは退任前に、おそらく決定的といえる死刑の凍結をなさったそうです。それは前進、人間の良心の前進です。他方で、ヒューマニズムの枠組みにそれを組み入れることができずにいる国もあるのです。

マテオ・ブルーニ

次の質問は、フィガロ紙のジャン－マリー・ギノワさんどうぞ。

ジャン－マリー・ギノワ、*Le Figaro*

こんにちは、教皇様。あなたは、真の平和は非武装の平和にしかないとおっしゃいました。では、他国に攻撃された国の、自己防衛はどうなるのでしょうか。この場合には、「正当な戦争」というのではないでしょうか。それともう一つ。以前、非暴力についての回勅のことを話しておられました。非暴力についての回勅は、まだ構想中でしょうか。以上の二つです。ありがとうございます、教皇様。

教皇フランシスコ

ええ、計画はあるのですが、次の教皇にお願いすることになりそうですね。ほとんど時間が取れなくて……。引き出しに入っている計画がいくつかあるのですが……たとえば平和についてのものもありますし、今練っているところで、時期が来れば着手します。まあ、それについては相当話していますがね。たとえば学校の子どもたちのいじめの問題は、暴力の問題です。まさに日本の若者に、それを、そのテーマで話をしました。わたしたちが解決のために手を貸そうとしている、教育に関する数ある問題の一つです。それは暴力の問題であり、暴力の問題には向かっていかなければなりません。ともかく、非暴力についての回勅は完成には遠いので、もっと祈って、方法を探らなければなりません。

平和と武器についてですが、古代ローマの格言に「Si vis pacem, para bellum（汝《なんじ》平和を欲さば、戦への備えをせよ）」とあります。わたしたちは成熟していなかったのです。国際機関がうまくいかず、国連がうまくいかず……。彼らは非常に多くのことをなし、非情に多くの調停を行っており、それは立派なことです。たとえばノルウェーのような国はつねに調停を進んで引き受け、戦争回避のための出口を見いだそうとしています。そのように行っていくのがいいと思います。ですが、まだわずかな動きですから、そうした動きが増えていくべきです。気を悪くなさらず、安全保障理事会について考えてみてください。武器の問題があります。軍事衝突を避けるべくその問題を解決するには、全会一致が必要です。すべての国が賛成票を投じなければならず、拒否権をもつ国が反対票を投じれば、すべて止まってしまうのです。聞くところによると――わたしはいい悪いの判断はできませんので、うかがった一つの意見ですが――国連は、安全保障理事会で一部の国の拒否権を取り下げることで前進すべきだという意見もあります。わたしは専門家ではありませんが、それもありうると思いました。どのように申し上げたらいいか分かりませんが、どこも等しく権利をもてたらよいのではないかと思うのです。

世界の均衡には、現時点では判断できない議論があります。ともかく、武器の製造をやめ、戦争をやめるために、仲介者の助けを借りてでも交渉の席に着くこと、それは必ずなさなければなりません。つねにです。結果は伴います。わずかだ、という人もいます。ですが、そのわずかから始めましょう。そして今度は、交渉の結果をさらに推し進め、問題の解決へと向かうのです。たとえば、ウクライナとロシアの事例があります。武器についての交渉なしに、捕虜の交換の交渉が成立したのです。可能なのです。必ず、平和に向けた一歩があります。ドンバス（東ウクライナ）では、政治体制のプランニングについての考え方の対立があります。異なる考え方がありますが、議論が進められており、それは平和に向かう一歩なのです。

このところ、すばらしいことと醜いこととが起きています。よくないことは――これをいうべきでしょう――「武器商人」の偽善です。キリスト教国――少なくともキリスト教文化圏――、ヨーロッパ諸国――いわゆる「ヨーロッパ崇拝国」――は、平和について語りながら、武器に頼って生きています。それは偽善と呼ばれます。福音の用語です。マタイの23章でイエスは何度もこのことばを繰り返しています。こうした偽善はやめなければなりません。国は、勇気をもってこういってはどうでしょうか。「もう平和について語ることはできません。この国の経済は、武器の製造で潤っているのですから」と。その国を侮辱したり名誉を傷つけたりせず、むしろ兄弟のように、人類の友愛をもってこういってください。「やめよう、君たち、やめるんだ。よくないことなんだよ」。どこかの港で、ちょっと記憶が定かではないのですが、ある港に、よその国から武器を満載した船が寄港したそうです。イエメン行きのもっと大型の船に引き渡すためだったそうです。イエメンがどうなっているかはご存じのとおりです。すると港湾労働者らは「ノー」といいました。すばらしいかたがたですね。そうしてその船は母国に戻っていきました。たまたまそうだったのかもしれませんが、何をなすべきかを教えられます。今日の平和はとても弱く、非常に脆弱《ぜいじゃく》です。それでもわたしたちはくじけてはならないのです。武器に頼るならば、ますます弱くなっていきます。

ジャン－マリー・ギノワ

では、武力による正当防衛とはなんですか。

教皇フランシスコ

正当防衛の仮説はつねにあります。倫理神学においても、熟慮される仮説です。しかし、最終手段としてです。最終手段です、武器は。正当防衛は、外交によって、調停をもってなすべきです。最後の手段として、武器による正当防衛があるのです。いいですか。強調したいのは、それは最後の最後の手段だということです。わたしたちは、好ましくも倫理的に前進しています。こうしたことすべてに疑いの目を向けることによってです。すばらしいことです。人類は、悪に対してばかりでなく、善に対しても進歩しているのですから。ありがとうございます。

（原文イタリア語。以下四人の記者の質問が続くが、日本司牧訪問にかかわる内容ではないので割愛した）

一般謁見講話　タイと日本への司牧訪問を振り返って

バチカン・サンピエトロ広場、十一月二十七日

愛する兄弟姉妹の皆さん、おはようございます。

昨日、タイと日本への司牧訪問から戻ってきました。この恵みの旅を主に深く感謝しています。わたしを招き、厚い配慮をもって迎えてくださったこの二国の政府および司教団に、そしてだれよりも、タイの人々と日本の人々に、あらためて感謝申し上げます。今回の訪問は、わたしのこの人々への親愛の思いをいっそう深めてくれました。豊かな繁栄と平和をもって、神が彼らを祝福してくださいますように。

タイは近代化が進んだ、歴史ある王国です。国王、首相、その他要人と会談し、タイの人々、「ほほえみの国」の民のもつ、豊かな霊性と文化の伝統に敬意を表してまいりました。かの地の民は、ほほえんでいます。国を構成する種々異なる部分の調和のため、そしてまた万人の益となる経済成長のため、そして女性や未成年者に顕著な搾取の傷をいやすべく、努めておられる取り組みを励ましました。仏教は、この国の民の歴史と生活にとって欠かすことのできないものです。ですからわたしは、仏教の最高指導者のもとを訪れ、前任者らに倣って互いに表敬し合う歩みを継いできました。世界に思いやりと兄弟愛を広めるためです。その意味で、国内最大の大学で行われたキリスト教諸派および諸宗教者との集いは、実に意義深いものでした。

タイでの教会によるあかしは、病者やもっとも虐げられている人に仕える働きによっても行われています。なかでも、聖ルイ病院の働きは顕著です。わたしは、医療従事者を励まし、一部の患者に面会するため、その病院を訪問しました。それから、司祭と奉献生活者ら、司教たち、イエズス会員とも、個別に時間を取ることができました。ミサをささげました。バンコクでは、国立競技場で神のすべての民とともに、司教座聖堂では若者とともに、タイの人の顔や声もあることを身は、イエス・キリストに形づくられた新たな家族の中に、タイの人の顔や声もあることを身をもって感じました。

それから、日本へ行きました。東京の大使館に到着して日本の司教団に迎えられると、わたしたちは、極小の教会の司牧者ではあっても、生きた水、イエスの福音の伝達者であるという挑戦について、すぐさま協議しました。

「すべてのいのちを守るため」、これがわたしの日本訪問のモットーでした。原爆によって傷を負い、いのちと平和に対する基本的な権利を全世界に伝えるスポークスマンとなる国です。長崎と広島では、祈りの時間を取り、数名の被爆者やご遺族とお会いし、核兵器について、そして兵器を製造し商売をしながら平和について語る偽善を、はっきりと厳しく糾弾しました。あの悲劇の後、日本は、いのちのために途方もなく奮闘してきました。それは最近、二〇一一年の地震と津波と原発事故という三重の災害後にも示されました。

いのちを守るためには、いのちを愛さなければなりません。今日、先進国での深刻な脅威は、生きる意味が失われていることです。

生きる意味を失うことの第一の犠牲者は若者たちです。ですから、東京での集いは若者のために行いました。彼らの問いと彼らの夢に耳を傾けました。どんないじめにもともに立ち向かうよう、そして祈りと他者への奉仕を通して神への愛に自らを開くことで、恐れと閉鎖性を克服するよう、彼らを力づけました。また上智大学では、別の若者たちに大学関係者をも交えてお会いしました。この大学は、すべてのカトリック校同様、日本で広く支持されています。

東京では、天皇陛下のもとを訪れる機会を得、重ねて謝意をお伝えしてきました。また、この国の要人や外交団ともお会いしました。わたしは、出会いと対話の文化を期待していきます。それは、知恵と広い視野を特徴としています。その宗教的・倫理的価値観に忠実であり続けながら福音のメッセージに開かれている日本は、より正義と平和のある世界のため、また人間と自然環境との調和のため、主導的な国となれるでしょう。

愛する兄弟姉妹の皆さん。タイと日本の人々を、神の優しさとみ旨にゆだねましょう。ありがとうございます。

（原文イタリア語）

首相官邸

ある巡礼者の沈黙――教皇フランシスコ来日の軌跡

若松　英輔

長崎の西坂町で教皇フランシスコの到着を待っているときのことだった。会場の手前にあるスクリーンに、長崎の爆心地へと向かう教皇を乗せた車が映し出される。到着を待っていた関係者に丁寧にあいさつをしたあと、教皇は原爆で亡くなった人たちに献花をする、とアナウンスがあった。

これが来日後、カトリック教会以外の人たちを前にして行われる最初の公的な営みになった。固唾を飲んでその動作を見ていたのは私だけではないと思う。そして、花を捧げ、祈る姿に打たれ、このとき、教皇来日の意味を改めて実感した人も少なくなかったのではないだろうか。

これまで多くの政治家が同じ場所で黙禱をする姿をテレビで見てきた。教皇の祈る姿は、誰とも似ていなかった。それどころか、「祈り」とは何かという自分ながらの定義を、根底から改められたようにさえ感じた。

願いと祈りは異なる。願いが、人間が神に自分の思いを届けようとすることだとすれば、祈りは沈黙のうちに神の声を聞くことだと思っていた。むしろ、祈りは、願いを少し手放したところに始まるとも感じていた。だが、教皇が体現した姿は、祈りとはそれに留まらない何かであることを明らかに告げていた。

東京カテドラルで行われた「青年との集い」で教皇は、「祈り」をめぐって、ある「思慮深い霊的指導者」の言葉だとして、次のように語った。

祈りとは基本的に、ただそこに身を置いているということだと。心を落ち着け、神が入ってくるための時間を作り、神に見つめてもらいなさい。

「祈り」とは神の声を聞こうとすることすらやめ、ただ、神に「見つめてもら」うことにほかならない、というのである。あのとき、私は教皇の姿を見ていただけでなく、これまでとはまったく異なるかたちで神のまなざしを感じていたのかもしれない。神は、私たちの気がつかないところでも、いつも私たちを見ている、教皇はそのことを私たちに伝えにきたのかもしれないのである。

ローマ教皇の来日は三八年ぶりになる。来日中は可能な限り現場に赴き、その空気を感じながら彼が語ったことをなるべく深く理解したい、そう願っていた。だが、その祈る姿にふれ、語られる言葉に耳をそばだてるだけでは十分ではないことも、痛感させられた。彼が体現すること、さらには沈黙によって表現することも同時に受け取らなくてはならないことに気づかされたのである。

教皇は、献花しつつ、こうべを下げ、神と死者たちに敬虔をささげる。神と死者との交わりはすべて、言葉の彼方で行われる。むしろ、教皇はそうした地平に私たちを導き、そこから世界の現在と過去を、そして未来を見るように促していたのかもしれないのである。

日本だけでなく、世界のどこにいっても教皇は歓迎を受け、その発言は注目を集める。だが、自分の語る言葉が受けとめられることが、教皇が真に求めていることではないのかもしれない。広島の平和記念公園で教皇は、この地を訪れた意味にふれ「わたしは平和の巡礼者として、この場所を訪れなければならないと感じていました」と述べたあと、こう続けた。

……わたしは記憶と未来にあふれるこの場所に、貧しい人たちの叫びも携えて参りました。貧しい人々はいつの時代も、憎しみと対立の無防備な犠牲者だからです。

わたしは謹んで、声を発しても耳を貸してもらえない人たちの声になりたいと思います。現代社会が置かれている増大した緊張状態、人類の共生を脅かす受け入れがたい不平等と不正義、わたしたちの共通の家を保護する能力の著しい欠如、あたかもそれで未来の平和が保障されるかのように行われる継続的あるいは突発的な武力行使を、不安と苦悩を抱いて見つめる人々の声です。


この言葉が語られたときのことは、今でもありありと思い浮かべることができる。人々は、世界十三億人の信者を持つ教会の指導者、バチカン市国の元首であるローマ教皇の言葉を聞こうとする。だが、教皇本人はまったく違うことを感じている。彼は自分の語る言葉は、教皇としてのそれではなく、「貧しい人たち」、「声を発しても耳を貸してもらえない人たちの声」にほかならない、というのである。

それだけではない。教皇は、原爆によって亡くなった人たちと、今、この世界で多くの試練を背負って生きている人とのあいだに連帯を生み出そうとしている。教皇は、こうした語らざる者たちの声が響く時空の中へも私たちを案内しようとしているのである。

同質のことを教皇は東京ドームで行われたミサの説教でも語っている。このとき語ったのも「利己主義」という人間の弱さに潜む危機だった。

個人の幸せを主張する利己主義は、実に巧妙にわたしたちを不幸にし、奴隷にします。そのうえ、真に調和のある人間的な社会の発展を阻むのです。

表現は素朴だが、意味は力強い。「個人の幸せ」という他者との関係を無意識的に断絶したところに「不幸」が生まれる。そして、その「不幸」は、「個人の幸せ」を願った当人だけでなく、世の中にいる「弱い人」たちを遠ざけ、社会から分断することになる。教皇が導こうとするのはまったく異なる方向だ。真の幸せは、「弱い人」たちに寄り添うところに生まれる「出来事」だという。

障害をもつ人や弱い人は、愛するに値しないのですか。よそから来た人、間違いを犯した人、病気の人、牢にいる人は、愛するに値しないのですか。イエスは、重い皮膚病の人、目の見えない人、からだの不自由な人を抱きしめました。ファリサイ派の人や罪人をその腕で包んでくださいました。十字架にかけられた盗人すらも腕に抱き、ご自分を十字架刑に処した人々さえもゆるされたのです。

ここで「よそから来た人」と表現されているのは移民、難民と呼ばれる人たちである。人は誰も、神の言葉——当然ながら言語を超えた意味そのもの——との出会いを求める旅人であると、教皇は考えている。この言葉を私たちは、深く読み返してよい。そして移民・難民をめぐって起こった悲しみの出来事が、二度と繰り返されることにないように、来たるべき社会を準備する道を探し始めなくてはならないのだろう。首相官邸の大ホールで行われた、要人および外交団との集いで教皇は、これからの国家のありかた、あるいは日本に期待することをめぐって次のように語った。

結局のところ、各国、各民族の文明というものは、その経済力によってではなく、困窮する人にどれだけ心を砕いているか、そして、いのちを生み、守る力があるかによって測られるものなのです。

この教皇の問いかけに私たちは今、どのように応えることができるのだろう。今の日本は、「いのちを生み、守る力」が十分にあるといえるのだろうか。

二〇一九年は、日本とカトリック教会との歴史を考えるとき、幾つかの節目が重なる年だった。

日本にキリスト教を伝えた聖フランシスコ・サビエルが、ヤジロウと呼ばれる人物とゴアを出発し、坊津《ぼうのつ》に到着してからちょうど四七〇年になる。一気に時代は近代になるが、日本への教皇使節がはじめて任命されたのが、一九一九年で、それからちょうど百年ということになる。

こうした事実には教皇も来日中、一度ならず、言及した。だが、おそらく、もっとも重要だったのは、こうした年表的な事実よりも、今、日本のキリスト者が抱えている「問題」と未来のありようだろう。

教皇フランシスコにとって日本は、特別な場所だった。彼が敬愛するイエズス会の先達たちが訪れた場所であるというだけでなく、彼自身も司祭になったとき、赴任地として日本を希望した経緯がある。宣教者として来日し、日本の人々と交わることは彼自身の悲願でもあった。

教皇来日の目的を一言に集約することはできない。だが、こうして一書にまとめられたものを読み返してみると、教皇は、自分の思いを伝えにきた、というよりも、ともに働く者たちとの出会いを希求していたことが分る。彼は、理解されることでなく、この世界、彼がいう「ともに暮らす家」(『回勅　ラウダート・シ』)をともに守り、受け継いでいくために、それぞれの場所で実践することを求めているように思えてならない。

来日は十一月二十三日の夕刻から、二十六日の昼ごろまで足かけ四日間だった。到着後、教皇は空港で出迎えを受けたあと、駐日ローマ教皇庁大使館で日本司教団との会談に向かった。ここで語られたことは慎重に読み返されてよい。同志たちを前にしているということもあり、彼はじつに率直に自らの思いを語っている。彼が強調したのは、やはり「いのち」とは何か、あるいは「いのち」の問題とは何かということだった。

わたしたちは、日本の共同体に属する一部の人のいのちを脅かす、さまざまな厄介ごとがあることに気づいています。それらにはいろいろな理由があるものの、孤独、絶望、孤立が際立っています。この国での自殺者やいじめの増加、自分を責めてしまうさまざまな事態は、新たな形態の疎外と心の混迷を生んでいます。それがどれほど人々を、なかでも、若い人たちを苛《さいな》んでいることでしょう。皆さんにお願いします。若者と彼らの困難に、とくに心を砕いてください。有能さと生産性と成功のみを求める文化が、無償で無私の愛の文化に、「成功した」人だけでなくだれにでも幸福で充実した生活の可能性を差し出せる文化になるよう努めてください。

教会は神の言葉を届ける共同体であるとともに、すべての「いのち」の守護者として働かねばならない、というのである。

今回の来日をめぐる一連の活動は、「すべてのいのちを守るため」という言葉と共に行われた。だが、私たちは、今一度、「いのち」とは何かを静かに顧みてよい。そのことによってはじめて「いのちを脅かす、さまざまな厄介ごと」の淵源をかいまみることになるのだろう。

教皇の『使徒的勧告　福音の喜び』は、大きな衝撃をもって世界に受けとめられた。この本で彼は「出向いて行く教会」という一節によって、カトリック教会のあるべき姿を語った。第二バチカン公会議以降、教会は広く門戸を開いた。異なる信仰、思想、哲学を有する人たちとの積極的な対話を続けてきた。だが、それだけでは「いのち」の問題に向き合うには十分ではない。教会は、今までの場所で待っているのではなく、問題のあるところに「出向いて行く」ことを求められている、それが教皇の確信だった。

ここでいう「孤独」は、単に一人でいることを指すのではない。疎外されていること、孤立していることを指す。

孤立し、絶望の時を生きる人たちは、苦しんでいるだけでなく、助けを求めることすらできないことがある。あるいは、彼、彼女らの挙げる声は、この世の喧騒の中にかき消されてしまう。どんなに待っていても、その声にならない叫びは教会には届かない。

だからこそ、教会が「出向いて行」かなくてはならない。さらにいえば、これからのカトリック教会は、教会にくることに意味を感じていない人たちの「家」にすらなっていかなくてはならない、というのである。

教皇は、若者の精神的――教会の言葉でいえば「霊的な」――孤立から目を離さない。霊的生活とは、神とともにある生活、あるいは神とともにあろうとする生活であるとするなら、霊的な孤立とは、神とともにあることを拒む孤立、あるいは疎外だといえる。そうした生活に若者を引き込むものは「有能さと生産性と成功のみを求める文化」であると教皇はいう。

ここでいう「有能さ」という言葉の背後には、他者と比較され続ける生活がある。「生産性」には、可視的、かつ量的なものに価値を還元しようとする動きがある。「成功」の背後には、富を独占し、それを誇ろうとすることへの強い危惧が暗示されている。

同質のおもいは、二十五日に東京カテドラルで行われた「青年との集い」と翌日、上智大学で行われた講演でも語られた。教皇がそこで語ったのも「いのち」の危機という問題だった。

学校でのいじめが本当に残酷なのは、自分自身を受け入れ、人生の新しい挑戦に立ち向かうための力をいちばん必要とするときに、精神と自尊心が傷つけられるからです。いじめの被害者が、「たやすい」標的なのだと自分を責めることも珍しくありません。敗け組だ、弱いのだ、価値がない、そんな気持ちになり、とてつもなくつらい状況に追い込まれてしまいます。「こんな自分じゃなかったなら……」と。けれども反対なのです。いじめる側こそ、本当は弱虫です。他者を傷つけることで、自分のアイデンティティを肯定できると考えるからです。

「いじめ」は、若者のあいだでだけ起こるのではない。それは大人の世界では「ハラスメント」と呼ばれる。「いじめ」や「ハラスメント」は、心身の問題に留まらない。それは「いのち」の尊厳に直接かかわる、と教皇はいう。「いじめ／ハラスメント」は「いのち」の軽視にほかならない、と断言する。上智大学で若者たちを前に教皇が語ったのも、「学ぶ」とは、「いのち」を守り得る者になることへの道程にほかならない、ということだった。

それぞれの状況において、たとえそれがどんなに複雑なものであったとしても、己の行動において、何が正義であり、人間性にかない、まっとうであり、責任あるものかに、関心をもつ者となってください。そして、決然と弱者を擁護する者と、ことばと行動が偽りや欺瞞であることが少なくないこの時代にあって、まさに必要とされるそうした誠実さにおいて知られる者となってください。

教皇は、カトリック教会は、ずっと「いのち」を守ってきた、と述べているのではない。

むしろ、「いのち」の守護者であらねばならない教会は、自らを守るために「いのち」の危機から目を背けてきたのではないかという猛省がある。

ある人は、教皇フランシスコの誕生前後に噴出した教会のスキャンダルを想起するかもしれない。ある人は、それは前教皇の時代のことであり、現教皇との関係は薄いと主張するかもしれない。だが、おそらくそのどちらも教皇フランシスコの心情からは遠いだろう。彼は、前教皇から信仰の遺産を受け継いだだけなく、さまざまな問題も同時に受け継いでいる。

『回勅』や『使徒的勧告』を読み返してみるといっそう明らかだが、教皇フランシスコは、前教皇の方針を否定するのではなく、それを創造的に継承していることが分る。現教皇が強く主張する気候変動や環境汚染に関しても、ベネディクト十六世の回勅ですでに問題提起がなされている事実を発見する。それはパウロ六世にまでさかのぼることもできる。教皇は、「個人」として来日しているのではない。歴代の教皇の継承者として、日本の地を踏み、語り、祈っている。

訪れる場所によって表現は異なるのだが、教皇が発する言葉は、あきらかにカトリック、あるいはキリスト者以外の人たちにも向けられている。当然、彼は自分がイエスによってその存在をあかしされた者であることを言明する。だが、そうあることを他者に強いることはない。

日本では、キリスト者であることを隠して生活しなくてはならない時代があった。自らの信仰を証言することは、そのまま死を意味するという状況が、かつては存在した。

冒頭にふれたように教皇は長崎の西坂町にある二六聖人の殉教地を訪れている。そこで彼は次のような言葉を残している。

わたしが殉教者にささげられた記念碑の前まで来たのは、このような聖なる人々と会うためです。「地の果て」に生まれた若いイエズス会士の謙虚さに心を重ね、日本の最初の殉教者の歴史に、霊感と刷新の深い泉を見いだしたかったのです。

亡き者たちに学び、存在の深みから新たにされること、それを求めてこの地に来た、というのである。これは教皇にだけゆるされた恩寵ではないだろう。日本に暮らす私たちにもその道は開かれている。

「橋をかける」という表現を教皇はさまざまなところで語る。「教皇」を示すラテン語がそうした意味を持つ。生者同志の争いのあるところにも「橋」が必要だが、生者と死者のあいだにも「橋」は無くてはならない。神のまなざしのなかで死者たちを前にするとき、生者は不可避的に謙遜を認識することを、教皇は自らの姿をもって私たちに告げようとしているのである。紛争が「橋」を壊すのではない。「橋」が壊れたところに戦争が始まる。国と国のあいだに「恐怖と不信」を凌駕する信頼という名の「橋」を作らねばならない、と教皇はいう。

人の心にあるもっとも深い望みの一つは、平和と安定への望みです。核兵器や大量破壊兵器の保有は、この望みに対する最良のこたえではありません。それどころか、この望みをたえず試みにさらすことになるのです。わたしたちの世界は、倒錯した二分法の中にあります。それは、恐怖と不信の心理から支持された偽りの安全保障を基盤とした安定と平和を、擁護し確保しようとするもので、最終的には人と人との関係を毒し、可能なはずの対話を阻んでしまうものです。

平和問題という言葉を聞くと、多くの人は自分の無力さを感じる。一個の人間がどう動いても国際情勢は変わらないではないかという思いは心のどこからか湧き上がってくる。だが、教皇の考えはそれとはまったく逆だ。平和は誰かから与えられるものではなく、自らの手で日々、作り上げていくものにほかならない。それを私たちは、隣人とのあいだに小さな信頼を分かち合うところから始めることはできるというのである。

来日中の発言ではほとんど語らなかったが、「無関心」は形を変えた「悪」であるという。平和の樹立に関心を失うこと、あるいは参与することに無力感を感じること、そこに「悪」の罠がある。

長崎県営球場で行われたミサで教皇が語ったのも、キリスト者の「地上での務め」とは何かという問題だった。「真理から遠いのは、この世には永遠の都はないといって、来る都を探し求めているつもりで地上での務めをないがしろにし、注意を怠る人です。」と教皇はいう。

……使命は、家庭、職場、社会、どこであれ、置かれた場所で、神の国のパン種になるよう駆り立てるのです。聖霊が人々の間に希望の風として吹き続けるための、小さな通気口となるよう駆り立てるのです。天の国は、わたしたち皆の共通の目的地です。それは、将来のためだけの目標ではありません。それを請い願い、今日それを生きるのです。病気や障害のある人、高齢者や見捨てられた人たち、難民や外国からの労働者、彼らを取り囲んで大抵は黙らせる無関心の脇で、今日それを生きるのです。

「天の国」へと通じる扉は、一人では通ることができないのかもしれない。そのとき私たちは、人生という旅の途中で出会った痛みを負う者たちとともに、その前に進むことを促されているのかもしれないのである。

教皇は、こうしたことを明日から始めてほしいというのではない。「今日それを生きる」ことを私たちは求められている、というのである。

本書に収録した各講話は、カトリック中央協議会ウェブサイト（https://www.cbcj.catholic.jp/）に当初発表したテキストに対し、聖座ウェブサイト（http://w2.vatican.va）に掲載されたスペイン語テキストを底本として、カトリック中央協議会出版部において確認・見直しの作業を行い確定させたものです。その際、適宜他の言語も参照しています。

なお、予定稿段階の翻訳には以下の皆様のご協力を賜りました（順不同、敬称略）。幡谷則子（上智大学外国語学部イスパニア語学科教授）、尾崎明夫、小寺左千夫、木村昌平、中島貴幸（以上オプス・デイ司祭）、酒井陽介（イエズス会司祭）、山下敦（大分教区司祭）、西村桃子（セルヴィ・エヴァンジェリー会員）。西村氏には教皇滞日中、東京プレスセンターにて確定稿作成作業にも携わっていただきました。酒井師には広島での記帳の文面も翻訳していただきました。また、東京プレスセンター統括責任者トーマス・パワー氏（明治大学政治経済学部特任准教授）よりご紹介いただきました武田和久氏（同学部専任講師）には、スペイン語に関し数々の助言をいただきました。皆様の貴重なお働きに、心より感謝申し上げます。

また、収録写真はすべて、教皇訪日にあたりカトリック中央協議会が依頼した、公式カメラマンの撮影によるものです。公式カメラマンは以下の皆様です（五十音順、敬称略。カトリック中央協議会職員を除く）。飯國清、石田美菜子、今村勝巳、賀地マコト、神崎博文、小杉朋子、白濵定市、髙木淳、高野孝之、中倉壮志朗、中澤久和、中山正寿、浜辺耕作、深堀範人、古郡美はる、本郷剛、増森健、松田典子、松林政寛、松室康彦、三登昌二、峰脇英樹、山添亜理沙、渡部信光。警備の都合や天候などの厳しい制約があったにもかかわらず、皆様いずれも数々のすばらしい写真を撮影してくださいました。心より感謝申し上げます。

（カトリック中央協議会出版部）

すべてのいのちを守るため

教皇フランシスコ訪日講話集

2020年1月25日 第1刷発行

日本カトリック司教協議会認可

編　集　カトリック中央協議会出版部

発　行　カトリック中央協議会

〒135-8585 東京都江東区潮見2-10-10 日本カトリック会館内

☎03-5632-4411(代表)、03-5632-4429(出版部)

https://www.cbcj.catholic.jp/

印　刷　大日本印刷株式会社

乱丁本・落丁本は、弊協議会出版部あてにお送りください。
弊協議会送料負担にてお取り替えいたします。
定価はカバーに表示してあります。

ISBN978-4-87750-223-2 C0016